Daniel Söllner

Es ist erst zu spät,
wenn Du im Sterben liegst

AF208653

Es ist erst zu spät, wenn Du im Sterben liegst

Eine Erzählung über die Reise zu sich selbst

Daniel Söllner

Bibliografische Information der Deutschen Nationalbibliothek: Die Deutsche Nationalbibliothek verzeichnet diese Publikation in der Deutschen Nationalbibliografie; detaillierte bibliografische Daten sind im Internet über http://dnb.dnb.de abrufbar.

Verlag: BoD · Books on Demand GmbH, In de Tarpen 42, 22848 Norderstedt

Druck: Libri Plureos GmbH, Friedensallee 273, 22763 Hamburg
ISBN: 978-3-7693-1809-8

„We are all left here to learn."

Roland Kirk (Jazzmusiker)

1. KAPITEL

Mitte Juli feierte ich meinen 42. Geburtstag. Ich war glücklich und mein Leben schien unterm Strich gut zu laufen.

Ich blickte auf den erfolgreichen Verlauf meiner Karriere zurück und musste schmunzeln, während ich gerade mein Sektglas in der Hand drehte.

Meine Kollegen kamen nach und nach vorbei, um mir zu gratulieren. Ich dankte jedem und bot an, zu bleiben, von den Schnittchen zu nehmen und ein Glas Sekt mit mir zu trinken.

Mittags ging ich mit meinen engsten Kollegen japanisch essen, dann erledigte ich meine Tagesgeschäfte und Meetings und schließlich kam ich abends erschöpft, aber zufrieden heim.

Ich parkte meinen Porsche Cayenne Coupe in der Tiefgarage. Ließ mich vom Aufzug in den 5. Stock in mein Penthouse heben und stieg dort aus.

Ich machte das Licht an und holte mir aus dem Kühlschrank noch ein Bier. Auf meinem Smartphone gab es Glückwünsche von meiner Ex-Frau und meiner Ex-Freundin, von der ich mich vor 2 Monaten getrennt hatte, weil sie immer mehr auf ein Zusammenziehen pochte.

Ich trank mein Bier und ließ den Tag Revue passieren. Mein Chef hatte mir heute angeboten, ein neues Projekt übernehmen zu können. Das bedeutete für mich einen Karrieresprung, auf den ich jetzt seit 2 Jahren hinarbeitete. Endlich war es soweit.

Ich hatte viel in die Arbeit investiert. Während meines Studiums jobbte ich schon als Student bei meiner jetzigen Firma.

Danach klappte es gleich mit einer Übernahme. Ich lernte meine Frau kennen und wir hatten eine gute Zeit.

Dann kam unser Sohn Viktor. Und mein erster großer Sprung in der Firma nach oben. Natürlich musste ich mehr arbeiten. Aber es hatte mir schon immer Spaß gemacht in einem Team zu arbeiten und Projekte voranzubringen.

Leider litt meine Frau darunter, dass ich wenig zu Hause war. Und dann wollte sie irgendwann die Trennung.

Das traf mich, und ich verstand es nicht wirklich. Ich hatte ihr alles ermöglicht. Sie hatte alles was sie brauchte, musste nicht arbeiten und konnte sich nur auf Viktor konzentrieren, den sie sich so gewünscht hatte.

Dennoch beschwerte sie sich, ich sei zu wenig zu Hause. Und wenn ich zu Hause war, dann würde ich trotzdem immer wieder am Laptop sitzen.

Aber so war das nun mal. Ich hatte Spaß an meiner Arbeit und habe es immer noch. Meine 30 Tage Urlaub im Jahr gehörten nur meiner Frau und meinem Sohn. Wir waren viel auf Reisen, machten gern Urlaub auf Kreuzfahrtschiffen und schauten uns die Welt an.

Wir wohnten in einer großen Wohnung, hatten viel Platz für uns, jeder hatte sein Auto und sie musste wirklich nicht jeden Cent umdrehen.

Was war also falsch daran?

Das war vor zwei Jahren. Seitdem wohnte ich allein. Viktor war jetzt 7 Jahre und ging in die zweite Klasse. Er war ein aufgeweckter Junge. Leider sahen wir uns nur jedes zweite Wochenende. Meine Frau hatte darauf bestanden, dass er überwiegend bei ihr war. Und wenn ich ehrlich war, war es mir nicht unrecht.

Ich hatte unter der Woche einfach wenig Zeit.

Dafür versuchte ich, wenn er vorbeikam, immer was Schönes mit ihm zu machen.

Was mir den Vorwurf einbrachte, ich würde ihn zu sehr verwöhnen und zu viel kaufen.

Ich trank den letzten Schluck von meinem Heineken. Dieses neue Projekt würde mich voll in Anspruch nehmen. Ich wusste, alle würden jetzt schauen wie ich mich anstellte, ob ich es schaffen würde.

Wenn ich es gut abwickeln konnte, dann war der Weg nach oben offen. Ich konnte damit aber auch scheitern.

Ich merkte wie mir bei meinen Gedanken warm wurde und wie sich in mir langsam Druck aufbaute. Schon morgen würde ich schauen, dass ich alle bisherigen Tätigkeiten delegieren konnte, um mich sofort auf die neuen Aufgaben fokussieren zu können. Zu scheitern würde mir nicht passieren.

Dann ging ich ins Bad. Nahm eine heiße Dusche, putzte mir die Zähne und fiel ins Bett. Das war mein 42. Geburtstag.

Am nächsten Tag wachte ich schon vor dem Wecker auf, sprang voller Energie aus dem Bett und machte ein paar Übungen. Dann duschte ich, schaufelte ein Müsli in mich und ging ins Büro.

Ich machte mich sofort über meine neuen Aufgaben her und vergaß alles um mich herum. Immer ein gutes Zeichen. Das zeigte, dass ich voll dabei war. Und ohne das, würde es nicht gelingen.

Als ich nach Hause fuhr und in einen Stau geriet, hörte ich im Radio was von einem Persönlichkeitscoach an. Er forderte einen auf, sich die Frage zu stellen, ob man glücklich sein wollte oder nicht. Ich dachte kurz über mein Leben nach.

Und ich war glücklich. Ich hatte mein Studium sehr gut hinbekommen und mein Job machte mir viel Spaß. Ich musste viel dafür investieren, aber dafür bekam ich auch viel. Mein Gehalt war sechsstellig. Ab und an gab es sogar ein Lob von meinem Chef. Ich mochte meine Kollegen und sie mochten mich. Ich konnte mir leisten, was ich wollte.

Ich war kein Konsumjunkie, aber es machte mir Freude alle 2 Jahre ein neues Auto zu kaufen. Immer auf dem neuesten Stand der Technik zu sein. Oder in einer schönen, hellen, großzügigen Wohnung zu wohnen.

Ich war definitiv keiner von denen, die sich auf die Arbeit schleppen mussten.

Mit meiner Ehe hatte es nicht funktioniert. Aber Beziehungen werden nun mal zu zweit geführt. Was sollte ich machen, wenn meine Frau beschlossen hatte mit mir und unserem Leben nicht zufrieden zu sein?

Und natürlich wollte ich glücklich sein. Und ich war es auch. Das war meine Überzeugung.

Zu Hause schob ich mir ein Tiefkühlgericht in die Mikrowelle, machte mir ein Bier auf und checkte meine Mails.

Ich aß und optimierte nebenbei noch mal meine Präsentation für den nächsten Tag.

Dann ging ich ins Bad. Meine Wohnung wirkte, wie oft abends, wenn ich allein war, wie eine verlassene Höhle.

Meine Schritte hallten nach und sonst gab es kein Geräusch.

Ich überlegte, ob es richtig gewesen war, meiner Freundin den Laufpass zu geben. Hätten wir zusammenziehen sollen?

Aber letztlich wäre es doch nur auf eine Kopie meiner ersten Ehe raus gelaufen. Erneut eine Heirat, erneut ein Kind – und dann wahrscheinlich erneut die Beschwerden, ich sei zu wenig zu Hause.

Und dann erneut die Scheidung.

Das erste Mal war hart für mich. Wenn es wahrscheinlich so auch besser war. Aber noch mal das Ganze wollte ich nicht.

Da blieb ich lieber allein und wusste woran ich war.

Ich war um 20:00 mit meiner Kletterpartnerin verabredet. Wir trafen uns in einer großen Kletterhalle, die für mich schnell zu erreichen war.

Sie war Lehrerin, arbeitete mit Hauptschülern und hatte immer ein Lächeln auf den Lippen. Ich liebte ihre positive Art und ihre Fähigkeit, immer wieder Kraft zu schöpfen.

Was sie mir von ihren Schülern und den Zuständen an der Hauptschule beschrieb, klang nicht gerade nach einem Zuckerschlecken. Aber es schien ihr Spaß zu machen. Und sie sprach nie in einem abwertenden Ton von ihren Schülern. Auch wenn sie noch so viel Mist verzapft hatten.

Ich bewunderte sie dafür, dass sie mit den Jugendlichen zurechtkam. Das war definitiv eine sinnvolle Sache, zu versuchen jungen Menschen einen guten Übergang ins Leben zu ermöglichen.

Nach meinem Abitur hatte ich mal überlegt Sozialpädagogik zu studieren und mit Straffälligen zu arbeiten. Aber mein Vater war dagegen. Er meinte die Bezahlung sei zu schlecht. Und ich war mir auch nicht sicher, ob ich stark genug für eine solch anspruchsvolle Aufgabe war. Also ließ ich es sein.

Und entschied mich für BWL. Das gefiel mir auch und ging mir leicht von der Hand.

Ich wusste zwar nicht, wo ich damit dann beruflich hinwollte, aber wie selbstverständlich hatte ich meinen Platz gefunden.

Wir kletterten einige Routen im Nachstieg und dann ging es mit dem Vorstieg los. Wir feuerten uns gegenseitig halb ernst an und weckten unseren Ehrgeiz. Anja war heute wieder besser als ich. Sie schaffte eine glatte 8 im Vorstieg. Ich musste da passen.

Klettern war wie dafür gemacht einem am Ehrgeiz zu packen. Jede Route hat ihre Bewertung. Du weißt sofort, wo du stehst. Wer besser ist und wer schlechter.

Leider war ich längst nicht so gut, wie ich es mir wünschte. Ich war nicht dick, aber doch relativ schwer für meine Größe. Und die Kraftausdauer meiner Unterarme war auch nicht die beste.

Aber an guten Tagen, kam ich auch mal eine Route hoch, bei der Anja passen musste.

Gleichzeitig gab es mir ein tiefes Gefühl der Freiheit, wenn ich in der Wand war und mich langsam die Route hocharbeitete.

Manchmal wünschte ich mir schon, einen besseren Grad klettern zu können. Ich hatte sogar etwas abgenommen, um weniger Gewicht halten zu müssen. Aber das Klettern sollte eigentlich nur ein Ausgleich für meine Arbeit sein, damit ich den Kopf frei bekam.

Ich duschte kurz zu Hause und viel todmüde ins Bett. In Gedanken war ich schon wieder bei meinem Projekt.

Ich kroch unter die Bettdecke, machte das Radio an, damit es sich in meiner Wohnung nicht so einsam anfühlte. Manchmal beschlich mich, meistens abends, ein Gefühl der Einsamkeit.

Und ich musste auf einmal wieder an Lola denken. Irgendwie vermisste ich sie plötzlich.

Das kam selten bei mir vor. Meistens konnte ich gut alleine leben. Ich hatte ja immer viel und lange zu arbeiten. Und abends war nicht viel Zeit, bevor ich ins Bett ging.

Jedes zweite Wochenende kam Viktor und wir gingen in den Zoo oder ins Kino und zum Essen.

Und das Wochenende allein gab es auch genug zu tun. Rechnungen bezahlen, Besorgungen machen und vor allem für die Arbeit noch irgendwas erledigen.

Der Sonntag war zugegebenermaßen manchmal etwas schwierig für mich. Meistens wenn es gar nichts zu tun gab, kein Klettern möglich und alles andere erledigt war. Und Viktor bei seiner Mutter war.

Aber dann gab es immer noch die Möglichkeit sich einen guten Film anzuschauen. Und eine gute Flasche Wein zu trinken.

Mein Verhältnis mit Viktor war gut. Aber ich hatte das Gefühl, dass ich nicht richtig an ihn ran kam.

Manchmal hatte ich das Gefühl, dass er mir die Trennung von seiner Mutter übelnahm.

Irgendwie schien ein Filter zwischen uns zu liegen. Aber vielleicht stimmte das auch gar nicht.

Er schien gern bei mir zu sein und jedes zweite Wochenende konnte ich mir in der Regel gut einrichten.

Manchmal hatte ich viel zu tun und musste auch an unserem Wochenende noch etwas erledigen. Dann durfte er länger vor dem Fernseher sitzen und ich konnte noch an meinem Laptop arbeiten.

Natürlich war das eine Ausnahme, dass er mal mehr schauen durfte. Und ich achtete immer darauf, dass es nur altersadäquate Sachen waren.

Dennoch beschwerte sich seine Mutter bei mir, wenn sie das mitbekam. Aber das war sicher ein weiteres Indiz dafür, dass wir nicht zusammenpassten.

Lola war da schon anders. Sie hatte selbst einen Job, der ihr viel abverlangte und konnte mich gut verstehen.

Sie sah gut aus, hatte gute Manieren und man konnte sich gut mir ihr unterhalten.

Eigentlich war ich gern mit ihr zusammen gewesen. Aber diese Tendenzen von ihr mit mir zusammenziehen zu wollen, trieben mich in die Flucht.

Ich fand unsere Wohnsituation mit zwei getrennten Wohnungen gut. Warum sollte man das ändern?

Sie kannte meine Situation mit der Scheidung und mit Viktor. Deshalb verstand ich es nicht, dass sie mich völlig unnötigerweise unter Druck setze.

Und dann krachte es.

Wir hatten zusammen Abend gegessen und waren bei unserer zweiten Flasche Rotwein. Dann brachte sie das Thema ein. Diesmal aber merkte ich, dass es ihr ernst war. Sie wollte unbedingt meine offene Meinung dazu.

Ich versuchte zunächst die Antwort raus zu zögern, witzig zu sein und Späßchen zu machen. Aber sie ließ nicht locker.

Ich war angesäuselt, hatte einen harten Arbeitstag gehabt und mich nervte das Thema immer mehr. Aber sie setzte immer weiter nach.

Da wurde ich deutlich. Ich sagte ihr, dass mir nicht vorstellen könnte wieder mit einer Frau zusammen zu ziehen. Und definitiv keine Kinder mehr wolle.

Ich merkte wie sie das verletzte, aber ich war plötzlich gereizt und machte in dem Ton weiter.

Dann rundete ich meinen verkorksten Auftritt ab und sagte ihr, ich wolle allein sein und sie solle mich in Ruhe lassen.

Ich rief ihr ein Taxi. Weinend verließ sie die Wohnung.

Es tat mir bereits Leid als sie mit dem Taxi wegfuhr, aber ich hatte das Gefühl so die Kontrolle zu behalten und ich wollte nichts anderes zulassen. Nichts was mich wieder dahin bringen könnte verlassen zu werden.

Wütend räumte ich den Tisch ab. Es war ein schöner Abend gewesen. Wieso musste sie immer dieses Thema zur Sprache bringen?

Alles war doch gut zwischen uns, alles lief bestens. Jeder hatte seine Arbeit. Jeder hatte viel zu tun. Wir trafen uns mehrmals in der Woche, aßen zusammen und machten uns einen schönen Abend und genossen die Nacht zu zweit.

Das war in meinen Augen genau richtig. Wieso sollten wir zusammenziehen?

Jeder hatte seine Freiheiten und konnte seine Unabhängigkeit bewahren. Man konnte so lange auf der Arbeit bleiben wie es sein musste ohne das Gefühl zu haben, dass jemand auf einen wartete und man diesen enttäuschen musste. Oder sich auf der Arbeit hetzen musste um rechtzeitig wegen eines Abendessens nach Hause zu kommen.

Und ich hatte Viktor. Mehr Kinder wünschte ich mir nicht. Ich war froh, dass Viktor schon reichlich selbstständig war und vieles alleine konnte.

Der Gedanke mich durch ein neues Baby wieder in die komplette Fremdbestimmung zu begeben, stand meinen beruflichen Ambitionen sehr entgegen.

Aber Lola wollte das nicht verstehen. Ständig fehlte ihr was. In meinen Augen war alles so perfekt.

Auf der anderen Seite wollte ich Lola nicht verlieren. Ich mochte sie wirklich sehr. Ihren Humor, ihre pragmatische Art, ihre schönen Augen und ich liebte es mit ihr zu schlafen.

Umso mehr ärgerte es mich, dass sie das alles aufs Spiel setzte mit ihrem ständigen Nachsetzen und Genörgel.

Dann sollte sie halt jetzt merken zu was das führte.

Ich schenkte mir den Rest der Weinflasche ein und starrte in das Weinglas. Betrachtete das Rot, das langsam die Glaswand herablief.

Dann trank ich das Glas auf einmal aus und schwankte Richtung Bett.

2. KAPITEL

Der große Tag kam immer näher. Ich sollte das Konzept für das Projekt vor der Firmenleitung präsentieren.

Wenn ich hier überzeugen konnte, dann wäre das die halbe Miete.

Ich blieb meistens lange im Büro und bereitete die Zahlen auf, die ich mir teilweise persönlich von manchen Kollegen holen musste. In einer großen Firma interessiert viele das Vorankommen eines Projekts überhaupt nicht. Manche sitzen ihre Zeit ab und wollen möglichst wenig involviert werden. Aber diese Art von Kollegen kannte ich seit langem und ließ mich von ihrer pomadigen Arbeitsweise nicht aufhalten.

Mein Team arbeitete perfekt mit und wir waren auf einem sehr guten Weg.

Ich bekam wenig Schlaf ab und arbeitete oft abends noch lange zu Hause. Einmal musste ich sogar das Wochenende mit Viktor sausen lassen. Meine Ex war stinksauer, da sie was vorgehabt hatte. Aber da musste sie leider durch. Ich durfte mir jetzt keinen Fehler erlauben.

Als ich abends nach der Arbeit an meinem Laptop saß bekam ich plötzlich ein Ziehen im Brustbereich.

Ich machte mir keine großen Sorgen, da ich erst vor einem dreiviertel Jahr beim Gesundheitscheck war, aber der Schmerz war doch recht heftig.

Ich speicherte gerade eine Präsentation, da fing es unvermittelt an. Ein ziehender Schmerz in der linken Brust.

Ich massierte meine Brust und versuchte mich leicht nach hinten zu dehnen. Das ließ den Schmerz noch stärker werden. Mir traten Schweißtropfen auf die Stirn und ich fühlte mich sehr unwohl.

Aber ich hatte an dem Tag viel Kaffee getrunken, ich konnte es nicht mal mehr in Tassen beziffern. Das schien mir eine plausible Ursachen zu sein.

Meine Hände zitterten und ich bekam Atembeklemmungen. Ich stand auf und öffnete mit zittrigen Händen die Balkontür und trat auf die Dachterrasse.

Die frische Luft außen umfing mich und tat gut. Ich atmete langsam und tief durch. Und versuchte mich zu beruhigen.

Und so plötzlich wie der Schmerz begonnen hatte, ließ er auch wieder nach.

Ich atmete noch ein paar Atemzügen lang die kühle, frische Abendluft ein, dann ging ich wieder rein.

Meine Beine waren zittrig und mein Herz pochte heftig in meiner Brust. Deshalb beschloss ich für heute nichts mehr für die Arbeit zu machen, sondern ins Bett zu gehen.

Ich hatte in der letzten Zeit entschieden zu wenig geschlafen. Da konnte es nicht schaden, mich heute früher hinzulegen.

Ich duschte, putzte Zähne und kroch unter meine Bettdecke. Den Wecker auf meinem Smartphone stellte ich auf 06:00 und schlief sofort ein.

Am nächsten Tag erwachte ich abgeschlagen und mit Kopfschmerzen. Ich fühlte mich nicht gut. Und hoffte, dass keine Erkältung im Anflug war. Das konnte ich jetzt gar nicht gebrauchen.

Deshalb nahm ich eine Ibuprofen und eine kräftige Dosis Vitamin C.

Ich beschloss mit dem Fahrrad zur Arbeit zu fahren. Das würde mir sicher guttun.

In zwei Tagen war die Präsentation. Auf dem Fahrradparkplatz schloss ich mein Rad ab und fühlte mich schon etwas frischer. Mein Team und ich waren vollauf beschäftigt und ich vergaß den Vorfall im Laufe des Tages komplett.

Dann war es soweit. Mittwoch um 10:00 im großen Besprechungsraum sollte ich mein Projekt vorstellen und die Abläufe erläutern. Alle aus der oberen Etage bis zur Leitung der Konzernzentrale würden da sein.

Ich war gut vorbereitet und hatte nichts dem Zufall überlassen.

Die Präsentation machte ich zusammen mit einer Kollegin, die dafür sorgte, dass die richtigen Folien gezeigt wurden.

Wir gingen eine Stunde vorher in dem Besprechungsraum und prüften die Technik. Alles funktionierte tadellos.

Langsam füllte sich der Raum. Händeschütteln und Small Talk unter den Chefs setze ein.

Schließlich waren alle da. Die Türen wurden geschlossen und alle schauten mich erwartungsvoll an.

Ich begann langsam und ruhig und nannte die wichtigen Eckpunkte, die Verträge und Absprachen, die getroffen worden waren, und alle Partner, die beteiligt waren.

Es lief gut. Ich wusste, dass ich alle überzeugen würde. Mein erster Scherz, den ich brachte, sorgte für heiteres Schmunzeln bei allen. Ich hatte meine Zuhörer abgeholt und sie folgten mir.

Bis zu dem Punkt, als plötzlich dieser scharfe Schmerz in meiner Brust wieder einsetzte.

Ich hatte knapp die Hälfte des Vortrags hinter mir. Das Ziehen war noch heftiger als beim ersten Mal. Ich fluchte innerlich, das konnte ich jetzt gar nicht gebrauchen. Ich brauchte meine volle Konzentration für die Präsentation. Wieso fing gerade jetzt mein Körper an zu zicken?

Zunächst versuchte ich den Schmerz zu verdrängen. Was auch immer das war, jetzt war nicht die Zeit dafür.

Das Ziehen in meiner Brust war heftig. Mein Unterkiefer schmerzte und mir lief der Schweiß den Rücken runter. Ich bekam kaum noch Luft und konnte nicht mehr flüssig reden.

Mein Zustand fiel den anderen langsam auf. Sie schauten sich fragend an.

Meine Kollegin machte mir ein Zeichen, was los sei. Ich nahm mein Glas und trank einen Schluck und versuchte mit einer kleinen Pause wieder die Kontrolle zu erlangen. Ich spielte auf Zeit und hoffte, dass es endlich nachlassen würde.

Aber es wurde immer kritischer. Ich hatte einen heftig brennenden Schmerz im Brustkorb, im Hals und im Kiefer.

Dann merkte ich wie mir langsam die Beine schwach wurden. Ich versuchte mich an der Stuhllehne abzustützen, musste mich aber hinknien.

Es ging ein Raunen durch den Raum. Meine Kollegin sprang auf und verkündete eine kurze Pause.

Ich legte mich auf den Rücken und merkte wie mir die Kräfte schwanden. Es war für mich unerträglich, aber ich hatte nicht mehr die Kraft aufzustehen. Und das jetzt. In dem Moment auf den ich so lange hingearbeitet hatte. Alles war gut gelaufen. Sie waren von meinen Ideen begeistert, das hatte ich gemerkt. Aber ich konnte einfach nicht weitermachen.

Meine Kollegin stand unschlüssig da, dann öffnete sie das Fenster. Einige Chefs blickten zu mir, wie ich da lag, und machten sich ein Bild von der Lage. Verschwommen sah ich sie über mich gebeugt.

Mir stand der kalte Schweiß auf der Stirn und um meinen Mund. Ich bekam keine Luft mehr. Und eine panische Angst ergriff langsam Besitz von mir. War es das? War ich jetzt am Sterben? Plötzlich trat diese Möglichkeit in mein Bewusstsein.

Mir wurde schwindlig und dann wurde ich ohnmächtig.

Ich kam wieder im Notfallzimmer zu mir und lag auf der Liege. Unser Ersthelfer Herr Maier stand da und blickte auf mich.

Meine Krawatte war gelockert und jemand hatte meinen Gürtel geöffnet.

Er sprach mich an. Ich konnte ihn aber nicht verstehen und hatte immer noch diesen starken brennenden Schmerz in meiner Brust. Mein Oberbauch tat weh und mein linker Arm schmerzte.

Ich hatte Todesangst und mir wurde bewusst, dass ich gerade um mein Leben kämpfte.

Dann verlor ich erneut das Bewusstsein.

Spürte ich wie jemand rhythmisch auf meinen Brustkorb drückte und sich Leute etwas zuriefen.

Spürte wie ich angehoben und auf eine Bare gelegt wurde.

Die ganze Zeit drückte jemand auf meine Brust. Ich war völlig hilflos und es fühlte sich sehr brutal an, zu spüren wie jemand ständig meine Brust eindrückte.

Dann einen Schlag in meinem ganzen Körper und ich war wieder kurz da. Ich hörte ein hektisches Piep-Geräusch. Stimmen sprachen aufgeregt miteinander.

Ich spürte wie mir etwas tief in den Mund geschoben wurde und ich würgen musste. Eine Nadel in meinen Arm gebohrt wurde.

Unfassbare Panik machte sich in mir breit. Ich hatte das Gefühl plötzlich in einem Alptraum gelandet zu sein. Ich war doch gesund. Wie konnte das sein?

Ich wollte nur Aufwachen und das Gefühl haben, alles ist wieder beim Alten. Dass das Ganze nur ein Alptraum war. Ein Missverständnis.

War es das jetzt?

Viktor – ich dachte an Viktor. Konnte ich ihn noch mal sehen? Mein Junge, ich hatte ihn doch so lieb. Würde er mich vermissen?

Dann war ich endgültig weg.

Ich erwachte allein in einem Zimmer im Krankenhaus in der kardiologischen Abteilung.

Ich lebe noch dachte ich dankbar – und dann, durchschoss mich die Angst wie es wohl weitergehen würde? Musste ich operiert werden, hatte ich bleibende Schäden?

Mein Körper war an verschiedene Kabel und Schläuche angeschlossen. Eine Flüssigkeit tröpfelte aus der Infusionsflasche in einen Schlauch, der in meinem Arm endete. Ein Monitor stand links von mir. Er zeigte offenbar meinen Herzschlag und meinen Blutdruck an.

Und dann durchzog mich Scham und ein Gefühl des Versagens. Mein Gott, ich hatte die Präsentation vermasselt. Was sollten meine Chefs von mir denken, wenn ich umkippe, sobald es richtig ernst wird?

Ich bekam ein Ziehen in der Magengrube, als ich mir vorstellte, was jetzt wohl in der Arbeit über mich erzählt wurde.

Ich hatte die große Chance bekommen, aber mich ihrer nicht würdig gezeigt und hatte versagt.

Ich verspürte einen starken Drang Wasser zu lassen und überlegte, ob ich wohl aufstehen konnte.

Langsam rückte ich an den Bettrand in Richtung der Infusionsflasche. Dann ließ ich meine Beine raus fallen und richtete mich langsam auf.

Es kostete mich einige Mühe, aber dann saß ich endlich aufrecht. Mir wurde schwindlig und ich ruhte mich im Sitzen aus. Ich versuchte tief ein- und aus zu atmen und Kraft zu schöpfen.

Mit einer Hand an dem Infusionsständer zog ich mich langsam hoch. Ich stand auf wackligen Beinen und merkte, dass ich ziemlich schwach war.

Gerade wollte ich den ersten Schritt tun, da ging die Tür auf und eine Krankenschwester stand vor mir.

„Oh, oh, sofort wieder hinlegen. Sie haben Bettruhe!", ließ sie mich sofort wissen. „Wenn sie was brauchen, dann immer klingeln."

Gehorsam legte ich mich wieder ins Bett. Ihre resolute Art duldete keinen Widerspruch.

„Was bringt sie denn auf Wanderschaft?"

Es war mir sehr unangenehm, aber meine Lebenssituation hatte sich eindeutig geändert. Also sagte ich ihr, dass ich mal musste.

Sie griff seitlich ans Bett und reichte mir eine Urinflasche. Soweit war ich also gesunken. Jetzt musste ich schon im Bett pinkeln.

Ich verrichtete so gut es ging mein Geschäft unter der Bettdecke und reichte ihr die Flasche, deren Inhalt sie kommentarlos im Bad entsorgte und dann die Flasche wieder am Bett platzierte.

„Was hatte ich denn eigentlich? Ich kann mich noch erinnern, dass ich ohnmächtig geworden bin."

„Das wird Ihnen der Arzt noch genauer erklären, aber sie hatten einen Herzinfarkt. Ein Herzkranzgefäß wurde ihnen wieder geweitet und man hat ihnen einen Stent eingesetzt."

Ich schaute sie ungläubig an und war fassungslos. Das konnte nicht sein. Ich war doch noch jung. Wie konnte ich einen Herzinfarkt haben? Und wieso musste ich sogar operiert werden?

Gut, ich hatte zuletzt nicht zu viel Sport gemacht und viel gearbeitet, aber ich rauchte nicht und war auch nicht übergewichtig.

Hatte ich jetzt einen Herzschaden? War ich jetzt ein Pflegefall? Tausend Fragen kamen plötzlich auf. War ich jetzt berufsunfähig?

Und was war mit meinem Projekt? Hatte ich die ganze Arbeit umsonst geleistet? War mein Karrieresprung dahin?

Ich spürte den Drang aufzustehen und sofort in die Firma zu gehen. Um alles zu klären.

„Sie müssen noch etwas hierbleiben. Sie sollten sich von ihrer Frau Wäsche und Toilettensachen bringen lassen.", empfahl mir die Schwester.

„Ich bin übrigens Schwester Gisela." Sie gab mir kurz die Hand, dann verschwand sie wieder.

Noch länger im Krankenhaus bleiben zu müssen, erschien mir nicht vorstellbar. Ich war doch wieder fit, oder nicht? Und ich musste in der Firma retten, was zu retten war.

Und plötzlich stand ich vor dem nächsten Problem. Wer sollte mir die Sachen bringen?

Mir fiel spontan niemand ein, der sich darum kümmern könnte.

Mein Leben war darauf ausgelegt, dass ich alles allein hinbekam. Dass ich gesund und ohne körperliche Einschränkungen war. Dass ich nicht auf die Hilfe anderer angewiesen war. Schlicht, ein modernes Single-Leben eines Europäers.

Solange man gesund war und sein Einkommen verdienen konnte, brauchte man niemand. Man konnte sich alles für Geld kaufen.

Man konnte sich Essen liefern lassen, eine Reinigungskraft besorgen, Handwerker fürs Haus bestellen oder das Auto reparieren lassen. In den sozialen Medien Kontakte pflegen. Sich durch Netflix unterhalten lassen.

Solange man Geld hatte und gesund war, ging das alles reibungslos.

Ich lag im Bett, dachte nach und blickte zum Fenster raus. Ich war froh allein in dem Zimmer zu sein, so dass mich niemand störte.

Ich überlegte, wenn ich anrufen könnte, um mir meine Sachen aus meiner Wohnung holen zu lassen. Mir fiel eigentlich nur meine Ex-Frau ein. Aber das wollte ich auf keinen Fall. Sie um Hilfe bitten zu müssen, war das Letzte was ich wollte. Ich war mir nicht mal sicher, ob sie mir helfen würde. Vielleicht würde sie meine Hilflosigkeit auch auskosten und mir dann einen Korb geben.

Ich überlegte, ob ich meine Arbeitskollegin fragen sollte. Aber ich wollte auch nicht wirklich, dass sie in meine Wohnung gehen und sehen würde wie ich lebe und wohne. So nah standen wir uns auch nicht.

Oder sollte ich Lola fragen? Aber eigentlich war es aus zwischen uns.

Während ich überlegte wie ich das regeln könnte, klopfte es an der Tür und ein Arzt kam rein.

„Guten Morgen Hr. Fellner, wie geht es ihnen? Sie machen ja Sachen, noch so jung und schon einen Herzinfarkt. Sie können es wohl gar nicht erwarten?"

Er lächelte mich an und wippte leicht vor und zurück. Dreitagebart und dunkle, leicht zerzauste Haare. Ich mochte ihn auf Anhieb und fand ihn sofort sympathisch. Das gab mir ein gutes Gefühl.

Er erklärte mir, was passiert war und wie ich reanimiert wurde bzw. welcher Eingriff stattgefunden hatte. Zu meiner großen Erleichterung erklärte er mir, dass mein Herz keinen Schaden davongetragen hatte. Es schlug regelmäßig und der Herzmuskel war voll intakt.

Ich sollte noch einige Tage zur Überwachung bleiben und für einiges Tests und dann könnte ich wieder nach Hause.

Das klang immerhin nach Glück im Unglück.

Dr. Naumann machte eine kurze Untersuchung, schaute sich die Signale meiner Herzfrequenz an und notierte etwas. Er wirkte ziemlich abgekämpft und müde. Aber dennoch war er im Gespräch mit mir konzentriert und präsent.

„Dann bis morgen. Wenn Sie was brauchen, melden Sie sich bitte sofort bei der Schwester."

Als Dr. Naumann gegangen war, erlaubte ich mir, obwohl es gerade mal 09:00 war, mich auf die Seite zu drehen und die Augen zu schließen. Es fühlte sich seltsam unproduktiv an, fast schämte ich mich, aber gleichzeitig spürte ich eine bleierne Müdigkeit in mir.

Ich überlegte noch, wen ich anrufen könnte, damit er mir meine Sachen aus meiner Wohnung bringen würde, da schlief ich ein.

Und träumte wirres Zeug von einem Haus, in dem ich umherirrte und verzweifelt jemand suchte. Denn ich war allein in dem Haus und ich war eingesperrt. Außen schien mich niemand zu bemerken, so sehr ich auch an die Fensterscheiben klopfte und schrie und winkte. In dem Haus wurde es zunehmend kühler und ich begann zu frieren. Ich wanderte in dem Haus umher, aber es schien keinen Ausgang zu geben. Doch dann fand ich eine Kellerluke. Man konnte sie anheben und mit einem Knarren ließ sie sich öffnen.

Es führte eine steile Treppe nach unten. Ein muffiger Geruch schlug mir entgegen. Alles in mir sträubte sich die Treppen nach unten in den Gang zu steigen. Aber tief in mir spürte ich, das war der einzige Weg wie ich aus dem Haus kommen konnte. Zu den Menschen, nach draußen.

3. KAPITEL

Das freundliche „Mittagessen!!" von Schwester Gisela weckte mich auf. Sie brachte ein Tablett herein, mit silberner Abdeckhaube, platzierte es auf meinem Nachtkästchen und drehte es zu mir her. Dann stellte sie mein Kopfteil hoch und schüttelte meine Kissen auf.

„Na, wie geht's Ihnen? Haben Sie schon jemand gefunden, der Ihnen Ihre Sachen bringt?"

Sie hob den Silberdeckel an und zum Vorschein kam ein lecker aussehender Braten mit Kloß. Ein Essen genau wie es in meiner Jugend geliebt hatte. Hausmannskost. So was hatte ich schon ewig nicht mehr gegessen. Ich hatte einen Bärenhunger und machte mich sofort über das Fleisch her.

„Lassen Sie es sich schmecken, bis später", meinte Schwester Gisela und war schon wieder verschwunden.

Ich verputzte den Braten in Windeseile und machte mich dann über den Schokopudding her.

Alles schmeckte großartig und ich hätte das gleich nochmal essen können, aber sicher war es besser, wenn ich es langsam anging.

Dann legte ich mich zurück und schlief wieder ein.

Am frühen Nachmittag kam Schwester Gisela mit einem Stück Kuchen. Sie stellte es vor mich auf den Nachttisch.

„Kaffee lassen wir lieber erst mal eine Weile weg. Möchten Sie einen Tee?"

Ich überlegte kurz. Wann hatte ich zuletzt einen Tee getrunken?

„Gern, warum nicht? Vielleicht einen Kamillentee?"

Dann blickte sie mich an. „Ich will nicht indiskret sein Hr. Fellner, aber ich habe das Gefühl, Sie haben niemand, den Sie anrufen können."

Ich blickte sie an und versuchte herauszufinden, was Sie mir sagen wollte. Sie schaute mich mit ihren offenen, klaren Augen an.

Sie lächelte mich warm an. Und dann bot sie mir an meine Sachen zu holen.

Mir, einem völlig Fremden. Wie kam sie überhaupt auf die Idee, dass ich niemanden hätte, der mir meine Sachen holen würde?

Das kränkte mich. Sah ich aus wie jemand, der keine Familie oder Freunde hatte?

Aber insgeheim wusste ich, sie hatte Recht. Und sie hatte meine Situation durchschaut. Und bot mir jetzt ihre Hilfe an. Einfach so, obwohl sie mich gar nicht kannte.

Ich musste schlucken. Dann stammelte ich was Unverständliches. Es sollte „Das wäre wirklich sehr nett von Ihnen." heißen.

Sie fackelte nicht lange rum. Ließ sich von mir meine Adresse nennen, die Schlüssel geben und ich sagte ihr, wo meine Sachen waren und was ich brauchte.

„Ich gehe nach meiner Schicht, die endet in einer halben Stunde. Dann hol ich Ihre Sachen."

Sie lächelte mich noch mal an und dann war sie schon wieder aus dem Zimmer. Sie ging die Sachen offenbar direkt an, ohne lange zu überlegen, und löste diese einfach. Pragmatisch und simpel. Ihre Art war wirklich beeindruckend.

Und ich spürte wie sehr mich die Hilfsbereitschaft, die sie mir gewährte, berührte. Das war ich nicht gewohnt. Woher auch? Wann brauchte ich schon mal jemand, der mir helfen musste. Und wann hatte ich zuletzt jemand um Hilfe gebeten?

Schwester Gisela hatte ich auch nicht um Hilfe gebeten. Sie erkannte meine Situation und bot sie mir einfach an.

Ich machte mich über den Kuchen her, der richtig lecker war. Auch das mochte ich eigentlich sehr gern. Nachmittags ein schönes Stück Kuchen und eine Tasse Tee. Das hatte ich mir auch schon lange nicht mehr gegönnt.

Mein Kopf ruhte auf dem weichen Kissen und ich schaute zum Fenster. Die Sonne lugte durch die Wolken, die schnell am Himmel dahinzogen. Dann schlief ich wieder ein.

Gegen 16:00 wachte ich gerade auf als Schwester Gisela leise ins Zimmer kam. Sie lächelte triumphierend und wedelte mit meinen Sachen.

Dann räumte sie meine Kleidung in den Schrank und die Toilettensachen ins Bad.

„Morgen können Sie dann in Begleitung von jemand aufstehen und sich duschen. Jetzt erholen Sie sich erst mal. Bis morgen!"

Ich konnte mich kaum bedanken, da war sie schon wieder aus dem Zimmer.

Ihre positive, anpackende Art imponierte mir.

Ich aß mit großem Appetit kurz darauf mein frühes Abendessen, schluckte brav meine Tabletten und putzte mir im Bett die Zähne.

Dann schlief ich gegen halb Neun ein und wachte erst wieder um 06:30 mit dem Eintreten von Schwester Gisela auf.

Ich fühlte mich frisch und erholt wie schon seit Wochen nicht mehr.

Nach dem Frühstück konnte ich endlich ins Bad und mich duschen. Dann rief ich meine Ex-Frau an, um ihr mitzuteilen, was mir passiert war und dass ich im Krankenhaus war.

Ich schrieb Lola eine WhatsApp, damit sie Bescheid wusste. Und ich schrieb Anja und sagte unser nächstes Kletterdate ab.

Dann kam Dr. Naumann zur Visite vorbei. Er sah noch müder aus als gestern.

„Na, wie geht's denn unserem Patienten?", fragte er mich.

„So ein Herzinfarkt hat nicht nur Nachteile. So viel habe ich schon lange nicht mehr geschlafen.", witzelte ich. Ich konnte nicht anders und musste dabei grinsen.

Er lachte schelmisch zurück. „Das freut mich, wenn es Ihnen wieder besser geht. Ruhen Sie sich aus. Das haben sie trotzdem bitter nötig. Sie sollten das nicht auf die leichte Schulter nehmen. Das war ein deutlicher Warnschuss.

Der Körper zeigt einem oft auf drastische Weise, wenn etwas in arge Schieflage geraten ist."

Er erläuterte mir, welche Tabletten ich bis auf weiteres nehmen sollte und gab mir noch einen Plan, auf dem verschiedene Kurse aufgelistet waren.

„Jetzt haben Sie Zeit. Probieren Sie die Angebote aus, das wird Ihnen auch helfen schnell wieder fit zu werden."

Seine Worte hallten in mir nach: „Wenn etwas in Schieflage geraten ist." Was war bei mir in Schieflage geraten?

Ich hatte doch meinen Job. Der mir Spaß machte. Gut, ich hatte zuletzt sehr viel gearbeitet. Aber eigentlich war ich doch zufrieden mit meinem Leben. Oder hatte ich mir was vor gemacht?

Ich schaute mir die Liste, die er mir auf den Nachttisch gelegt hatte, genauer an. Es gab Ernährungsberatung, Yoga, einen

Gesprächskreis, Schwimmen, aber auch einen Kurs der Sensory Awareness hieß.

Das klang irgendwie interessant. Auch wenn ich so was noch nie gemacht hatte. Irgendwie war ich all diesen Selbsterfahrungskursen gegenüber immer etwas skeptisch eingestellt.

Lola hatte mich mal zu Hatha-Yoga in ihrem Fitnessstudio mitgeschleppt. Ich hatte damals aber eher das Gefühl, dass es um statische Halteübungen ging als um irgendwas, was mit zur Ruhe kommen zu tun hätte. Das war wohl auch der Grund wieso ich damals überhaupt mitgegangen bin. Um innerlich mehr Ruhe zu finden. Aber der Yoga-Kurs damals hatte mich nicht überzeugt.

Mich zog es nicht wirklich zu dem Kurs hin. Aber was hatte ich zu verlieren? Der Kurs würde in einer Stunde beginnen.

Ich beschloss es auf gut Glück zu versuchen. Irgendwas sagte mir, dass es richtig sei hinzugehen.

Nachdem ich mich bei Schwester Gisela abgemeldet hatte, ging ich gemächlich zu dem Übungsraum, der nicht ganz leicht in den unendlichen Gängen und Fluren des Krankenhauses zu finden war.

Insgesamt warteten fünf Personen mit mir vor dem Raum. Dann kam eine alte Dame und schloss die Tür auf. Sie bat uns alle die Schuhe und Socken vor dem Eintreten auszuziehen. Wir schauten uns fragend an, dann taten wir wie geheißen. Wir traten nacheinander ein. Der Raum hatte einen dicken Teppich auf dem Boden und war bis auf einige Hocker im Eck leer.

Ich kam mir mit nackten Füßen etwas seltsam vor. Aber sobald ich den Raum betrat, spürte ich sofort die feste, aber zugleich weiche Struktur des dicken Teppichs an meinen Fußsohlen. Das war ungewohnt und angenehm zugleich.

Die Dozentin setzte sich im Schneidersitz auf den Boden und bat uns auch Platz zu nehmen.

Wir setzten uns im Kreis um sie herum. Dann bat sie uns, dass sich jeder kurz vorstellt.

Als wir zu Ende waren, wurde mir klar, dass es mich gar nicht so schlimm erwischt hatte. Immerhin war mein Herz noch voll funktionsfähig. Ich hatte keine Bypässe, ich hatte kein Spenderherz, ich hatte keinen Herzschrittmacher oder eingebauten Defibrillator, ich hatte keine künstliche Herzklappe wie viele der anderen. Ihre Krankheitsgeschichten waren ziemlich heftig und ich war froh, so gut davon gekommen zu sein.

Ich hatte immer noch mein Herz, das regelmäßig schlug und selbstständig seine Arbeit machte. Eine Welle der Dankbarkeit durchströmte mich. Ich dankte meinem Herz, dass so viel ausgehalten hatte und dennoch unbeschädigt geblieben war.

Mein Herz war ein Teil von mir. Ich war die Gesamtheit aller meiner Organe, aber jedes Organ war doch unerlässlich, damit alles reibungslos funktionierte. Und ich hatte mein Herz über die Maßen belastet. Ich hatte seinen Hilfeschrei ignoriert und einfach weitergemacht. Und es hatte trotz der Überforderung, in die ich es getrieben habe, weiter seinen Dienst geleistet und genug Kraft gehabt, die Unterversorgung durch den Herzinfarkt unbeschadet zu überstehen.

Peggy unterbrach meinen Gedankengang und bat uns alle aufzustehen. Ich erwartete, dass es jetzt mit Übungen losging.

„Bitte stellt euch alle hin. Fühlt eure Füße auf dem Teppich. Den Kontakt. Die Oberfläche des Teppichs. Und dann schließt einfach die Augen und spürt nach."

Dann war es still. Ich stand da. Spürte den groben Teppich unter meinen Fußsohlen. Und überlegte, was jetzt kommen würde. Aber es kam nichts. Wir sollten nur beobachten, was war.

Peggy sprach mit leiser Stimme. Wir sollten spüren wie sich unser Körpergewicht auf den Fußsohlen verteilte. Mehr vorne, in der Mitte oder hinten? Spüren wie der Boden unser Gewicht aufnahm und uns trug.

Ich stand da und meine ganze Aufmerksamkeit war in meinen Fußsohlen und meinem Kontakt zum Teppich. Ich nahm das leichte Schwanken meines Körpers war. Wie sich immer wieder ein Gleichgewicht herstellte, so dass ich niemals umzukippen drohte. Das ständige Ausbalancieren und Herstellen des Gleichgewichts.

Diese ständigen Bewegungen beim Stehen, waren mir vorher gar nicht bewusst gewesen. Aber wann war ich schon jemals bewusst gestanden und hatte diesem Vorgang achtsam nachgespürt? Meine Aufmerksamkeit war voll auf meine Fußsohlen gerichtet.

Irgendwann kam sanft die Aufforderung den Fokus wieder in den Raum zu bringen und langsam die Augen zu öffnen.

Wir setzten uns wieder in einem Kreis zusammen. Für mich waren gefühlt vielleicht 10 Minuten vergangen. Ich war erstaunt zu sehen, dass wir eine Stunde lang achtsam gestanden waren. Wenn mir jemand gesagt hätte, wir stehen jetzt aufrecht am Ort und schauen eine Stunde lang wie sich das anfühlt, klang das eher nach einer Tortur. So hatte es sich aber ganz und gar nicht angefühlt.

Die Zeit war wie im Flug vergangen. Kein Moment war mir der Gedanke gekommen, dass es langweilig war oder endlich weitergehen sollte. Meine Aufmerksamkeit war die ganze Zeit in meinen Fußsohlen und ich spürte nach wie sich der Kontakt mit dem Boden anfühlte. Das erstaunte mich wirklich.

Ich überlegte wie achtsam ich sonst im Alltag war. Ich war mir über meine Körperposition wohl gar nicht wirklich bewusst im Klaren. Ich saß vorm Rechner oder lief zum Kopierer, saß in einer Besprechung, stand mit einem Kollegen im Gespräch oder lümmelte auf der Couch. Aber dass ich mir Gedanken über meinen Kontakt mit dem Boden machte, der Sitzfläche des Stuhls, wie beim Laufen meine Füße abwechselnd Kontakt zum Boden aufnahmen und wieder verloren, das kam nicht vor. Ich nahm es als selbstverständlich hin.

Höchstens, wenn der Körper wehtat. Bei Rückenschmerzen beispielsweise. Dann überlegte wie ich mich am besten setzen sollte. Aber auch nur um den Schmerz zu vermeiden oder zu reduzieren.

Peggy ließ uns erzählen, wie es für uns war. Jeder war fasziniert von dem, was passiert war. Für jeden war die Zeit im Flug vergangen. Obwohl man sich nur auf seine Füße konzentriert hatte.

Dann redete Peggy mit uns über das Prinzip des Ausgleichs, das stets versucht ein Gleichgewicht herzustellen – die Homöostase.

Dieses Prinzip herrscht in unserem Körper. Aber auch außerhalb. In der Welt, im ganzen Universum.

Nie ist etwas völlig im Gleichgewicht. Und permanent versucht der Körper etwas in Richtung eines Gleichgewichts zu regeln.

Um eine Dysbalance auszugleichen und wieder ein annäherndes Gleichgewicht herzustellen.

Genau so ist es auch, wenn man steht. Stets schwankt der Körper leicht, in die eine oder andere Richtung. Und stets versuchte die Muskulatur und das Halteskelett uns wieder zurück zur Mitte zu führen. Worauf das Spiel sofort wieder neu anfängt.

So agiert auch unser Herz in unserer Brust. Sobald mehr Sauerstoff durch eine Anstrengung benötigt wird, schlägt es schneller und pumpt mehr Blut mit Sauerstoff durch den Körper.

Soll es in den Nachtschlaf gehen und ist Ruhe angesagt, schlägt das Herz langsamer und ruhiger. Bis wir aus dem Bett springen, weil wir aufstehen müssen. Sofort beschleunigt das Herz und versucht für einen entsprechenden Sauerstoffpegel in unserem Körper zu sorgen.

Der Körper ist sogar offenbar darauf trainiert, dieses Ungleichgewicht ständig auszugleichen. Das Immunsystem wartet auf Eindringlinge, die es auszuschalten gilt. Die Leber baut Giftstoffe ab. Die Nieren scheiden ständig Schädliches aus.

Meist hat der Körper ein Zuviel oder Zuwenig an bestimmten Elektrolyten. Dann werden diese entweder ausgeschieden oder mehr Wasser gebunden um das Verhältnis auszugleichen.

Das Gleichgewicht des Körpers ist eigentlich ein permanentes Ungleichgewicht.

Es ist also gar nicht anzustreben immer gesund zu leben oder gar immer gesund zu sein. Es kommt vielmehr darauf an, wie viel Schädliches oder Keime vorhanden sind. Der Körper muss damit noch gut zurechtkommen können.

Es kommt also auf die Menge an. Die Dosis macht das Gift.

Und das gleiche gilt für das menschliche Leben. Sich nur in der Komfortzone zu bewegen, unterfordert auf Dauer auch die Sinne und den Verstand.

Aber ständig im roten Bereich unterwegs zu sein, ist eben auch nichts. Auch hier zählt ein gesundes Pendeln um die Mitte.

Mal zu viel, mal zu wenig, aber immer wieder zur Mitte hin schwingend.

Genauso sorgt unser Schlafbedürfnis dafür, dass wir ausreichend schlafen und uns ausruhen.

Schwierig wurde es nur, wenn unser Verstand darauf nicht hören will. Sondern uns befiehlt weiterzumachen und dem Ruhebedürfnis nicht nachzugeben. Und das Tag für Tag.

Dann geraten wir in ein Ungleichgewicht. Und auch unser Herz, das müde wird und eine permanente Mehrarbeit leisten muss.

Peggy lächelte: „Das war es für heute. Ich bedanke mich bei euch, dass ihr vorbeigekommen seid. Wer möchte, morgen wieder um die gleiche Zeit."

Ich dachte über das Prinzip des Ausgleichs nach. Was passiert, wenn das System sich nicht mehr ausgleichen kann, hatte ich ja erlebt. Man fiel sprichwörtlich um. Das gleiche, was einem passieren würde, wenn die Muskeln die Ausgleichsbewegungen im Stehen nicht mehr machen können.

Man würde einfach umkippen. So wie ich. Ich war auch umgekippt.

Ich schlenderte zurück in mein Zimmer. Eine innere Ruhe nahm von mir Besitz, wie ich sie schon lange nicht mehr gefühlt hatte. Ich spürte plötzlich eine große innere Distanz zu meiner Arbeit. Als ob sich in mir bestimmte Werte verschoben hätten.

Ich freute mich schon auf mein Mittagessen und hatte richtig Hunger bekommen.

Auf meinem Handy waren einige Nachrichten - von meiner Exfrau und Viktor, von Lola und von Anja.

Ich lächelte und schaute auf mein Handy. Ich wusste zwar nicht warum, aber in mir stieg eine wohltuende Freude auf. Immerhin hatte sogar auch ich Personen, die sich um mich sorgten.

Es klopfte und Schwester Gisela kam mit einem Lachen ins Zimmer. „Mahlzeit – hier ist ihr Spezialmenü. Wie geht's Ihnen? Sie schauen heute deutlich besser aus."

„Danke. Ich fühle mich auch richtig gut. Das Essen schmeckt mir, wie schon lange nicht mehr. Und ich war vorhin bei Sensory Awareness. Das hat mich richtig bewegt."

„Ja, Peggy ist eine tolle Frau. Sie versteht es einen mit einfachsten Mitteln zu richtigen Aha-Erlebnissen zu bringen. Einfach nur, indem sie einem zeigt, präsent zu sein."

Ich stimmte ihr zu. „Irgendwie ist es so einfach. Aber offenbar zu einfach, so dass wir darauf gar keinen Gedanken mehr verschwenden. Geschweige denn uns darauf konzentrieren. Obwohl uns durch die Achtsamkeit so viel bewusst werden kann."

Ich versuchte gleich mein neues Wissen anzuwenden.

Das Essen war unter einem Decke, den ich langsam anhob. Ich sog den Duft des Essens ein. Erfreute mich am Anblick und den Farben meines Essens.

Dann führte ich die erste Gabel zum Mund und war gespannt auf den Geschmack. Ich genoss mein Mittagessen und aß bewusst langsam und bedächtig.

So einfach die Küche war. Es wurde zu einem besonderen Erlebnis.

4. KAPITEL

Es klopfte an der Zimmertür. Ich war kurz eingenickt und hob den Kopf. Meine Ex-Frau und Viktor kamen rein.

„Hallo Papa!", sagte Viktor leise. Viktor kam langsam zu mir ans Bett und setzte sich zu mir. Er schaute mich zögerlich an.

Ich freute mich ihn zu sehen und umarmte ihn und drückte ihn an mich. Mir stiegen die Tränen in die Augen und mir fielen meine Ängste wieder ein, dass ich ihn nicht mehr hätte wiedersehen können, als ich mit dem Tod rang. Und schlagartig wurde mir klar, dass ich mit ihm ein neues, besseres Verhältnis aufbauen würde.

Er war mein Sohn und ich liebte ihn und wollte ihn nicht mehr wie ein notwendiges Anhängsel in mein Leben einflechten. Ab jetzt wollte ich jede Sekunde, die ich mit ihm noch haben würde, genießen und ihn bewusst mit seinen sieben Jahren wahrnehmen und erleben wie er größer wurde und ihn unterstützen wie er sich seinen Platz im Leben erkämpfte.

Dann küsste ich ihn auf die Haare und die Wange und wir schauten uns an. Er schien meiner stürmischen Begrüßung etwas befremdet gegenüberzustehen, aber das würde er von jetzt an wohl noch öfter über sich ergehen lassen müssen.

Steffi fragte wie es mir ging und ob ich wieder ok sei. Dann besprachen wir kurz ein paar organisatorische Dinge.

„Ok, dann lass ich euch mal allein und hole dich später wieder ab, Viktor."

Viktor betrachtete die Geräte, die um mein Bett herum standen und schaute sich im Zimmer um.

Dann fragte er: „Mama meint, du hättest sterben können. Stimmt das?"

Ich nickte und streichelte ihm über den Kopf.

„Sie meinte, das kommt davon, weil du zu viel arbeitest und denkst, nur deine Arbeit macht dich glücklich." Er schaute mich fragend an.

Ich stutzte kurz, das hatte sie gesagt? Wahrscheinlich hatte sie sogar Recht.

Dann gab ich zu: „Ja, da ist was dran. Ich habe mich wohl zu sehr auf meine Arbeit konzentriert."

Er schaute mich an und kämpfte mit den Tränen.

Ich blickte in seine hellbraunen Augen und fühlte einen großen Schmerz in mir aufsteigen. Plötzlich war mir schlagartig klar, welchen Preis er dafür zahlen musste, dass ich mich nur auf meine Karriere konzentriert hatte.

Ich zog ihn zu mir und küsste ihn auf den Kopf, der nach Kindershampoo roch.

„Viktor, das tut mir leid. Ich verspreche dir jetzt was."

Er schniefte an meiner Brust und brummelte: „Was denn?"

„Ich verspreche dir, dass ich ab jetzt weniger arbeiten werde – und mich mehr um dich kümmern werde."

Viktor hob seinen Kopf: „Echt, versprichst du mir das?" Er lächelte mich an.

Ich drückte ihn an mich. „Ja, das verspreche ich dir!"

Wir hielten uns in den Armen und mich durchströmte eine warme Glückseligkeit.

Schwester Gisela kam herein und brachte den obligatorischen Kuchen. „Na, wer bist denn du?", fragte sie Viktor und schaute ihn gespielt fragend an.

Viktor stellte sich vor. Schwester Gisela stellte sich ihrerseits vor und sie gaben sich die Hand. Sie schienen sich auf Anhieb zu verstehen.

„Willst du dir mal das Stationszimmer anschauen?" Viktor schaute mich fragend an und ich nickte. Er strahlte und schon waren die beiden weg.

Heute lachte mich auf meinem Tablett ein Stück Apfelkuchen an. Mit großen Genuss aß ich das Stück. Mir fiel auf wie ich wieder anfing Dinge genießen zu können. Früher als Kind war mir das nicht schwer gefallen. Irgendwie hatte ich irgendwann die Fähigkeit verloren mich an kleinen Dingen wie einem Stück Kuchen erfreuen zu können.

Meine Gedanken wanderten zu Viktor. Ich spürte einen leichten Schmerz in meiner Brust, da ich ihn an die zweite Stelle in meinem Leben gesetzt hatte ohne es wirklich gemerkt zu haben. Meinem eigenen Sohn hatte ich meiner Arbeit untergeordnet. Und er hatte es stillschweigend hinnehmen müssen.

Wie konnte es soweit kommen? Ich hatte mich auf Viktor gefreut, als mir Steffi verkündet hatte, sie sei schwanger. Und war immer ein stolzer Papa gewesen.

Ich hatte meinen Fokus zu sehr auf die Arbeit und meine Karriere gelenkt. Hatte ich mich davon blenden lassen? Aber von was? Meine Arbeit hatte mir immer Spaß gemacht. Dachte ich zumindest. Ich bildete mir ein, dass ich das getan hatte, was mich ausmachte, was ich gut konnte, wo es mich hinzog.

Aber offenbar hatte ich den Rahmen falsch gesetzt. Leben war mehr als einer Tätigkeit nachzugehen. Ich dachte, den Sinn meiner Existenz gefunden zu haben. Und war voll darin eingetaucht. Hatte mich mit Leuten umgeben, die das taten, was ich für den Zweck des Daseins hielt.

Und hatte dabei vieles anderes aus den Augen verloren. Dinge, die sich nicht per Verstand entscheiden lassen. Dinge, die einen aber nährten. Dinge, die nur durch ein offenes Herz erkannt werden können.

So wie meine Liebe zu meinem Sohn. Das fühlte sich nicht gut an.

Ich konnte die Zeit nicht zurückdrehen. Aber ich konnte ihm von nun an der Vater sein, den er verdient hatte. Und der ich eigentlich hätte sein wollen.

Ich war in meinen Gedanken versunken und merkte gar nicht, dass Viktor ins Zimmer gekommen war. Seine Augen leuchteten und er hielt triumphierend ein kleines Auto hoch, das er geschenkt bekommen hatte.

„Komm, leg dich neben mich". Ich klopfte neben mir aufs Bett. Viktor kuschelte sich zu mir und erzählte, was er alles zu sehen bekommen hatte. Am meisten hatte ihm das EKG gefallen, das mit seinem wellenförmigen Ausschlag den Herzschlag anzeigte.

Wir lachten und redeten und reimten zusammen Quatschgedichte bis Steffi kam und Viktor abholte. Ich drückte ihn und küsste ihn und wollte ihn fast nicht mehr loslassen. Es fühlte sich so gut an, ihn zu drücken.

Nachdem sie aus dem Zimmer waren, lag ich auf meinem Bett und lächelte vor mich hin.

Ich spürte eine innere Ruhe wie schon lange nicht mehr. Es gab nichts zu tun, keine Termine einzuhalten, nichts vorzubereiten. Ich konnte einfach in meinem Bett liegen und meinen Gedanken nachhängen.

Mir war gar nicht mehr klar, wie entspannend das sein konnte. Wie gut sich das anfühlte. Einfach nichts zu tun.

Wenn ich früher Zeit hatte, dann schaute ich was im Fernsehen. Und selbst, wenn ich mal eine Stunde auf meiner Terrasse lag und las, dann fühlte es sich an wie eine Halbzeitpause bei einem Fußballspiel, bei dem man 1:0 zurücklag. Es war nur eine kurze Verschnaufpause von einer großen Anstrengung. Die immer nur wieder von einer weiteren Halbzeitpause unterbrochen wurde.

Schwester Gisela betrat das Zimmer: „Das ist ein ganz lieber Junge ihr Viktor. Er erinnert mich an meinen kleinen."

„Es hat ihm ganz schön Spaß gemacht von ihnen eine Führung zu bekommen. Er hat richtig geschwärmt.", sagte ich lachend.

Sie erzählte mir, dass sie zwei Kinder hatte. Eine zehnjährige Tochter und einen sechsjährigen Sohn. Sie war seit drei Jahren alleinerziehend. Und arbeitet dabei Vollzeit als Krankenschwester. Ihre Mutter, die in ihrer Nähe wohnte und noch fit war, half ihr mit den Kindern aus.

„Ist das nicht sehr anstrengend?", fragte ich sie etwas naiv.

„Manche Dinge sucht man sich im Leben nicht aus Tom, wissen Sie." Sie blickte mich an. „Und ich liebe meine Kinder über alles. Das gibt mir die Kraft für so vieles. Und macht alle Anstrengungen wett. Und ich habe eine wunderbare Mutter, die mir so viel hilft."

Ich überlegte kurz wie es mit meinen Eltern war. Beide waren mittlerweile tot. Aber ich konnte mich nicht erinnern, dass ich auf die Idee gekommen wäre, sie um Hilfe zu bitten. Oder das sie mir Hilfe angeboten hätten.

Ab und an hatte es eine Einladung zum Essen von meiner Mutter gegeben. Und dann meistens kluge Ratschläge von meinem Vater.

Es war sicher toll, wenn man eine Mutter hatte, die zu sehen nicht eine Pflichtveranstaltung war, die es hinter sich zu bringen galt. Sondern die einem half bei den weiteren Herausforderungen, die das Leben stellte.

„Mein Vater ist leider vor einem Jahr gegangen. Er hatte Parkinson. Ich habe ihn zusammen mit meiner Mutter gepflegt bis zu seinem Tod. Er war ein guter und starker Mann. Ich denke viel an ihn.‟

Ich fragte mich langsam, woher Schwester Gisela die Kraft nahm, für all das was sie tat? Sie hatte zwei Kinder, war alleinerziehend, arbeitet Vollzeit in der Pflege und hatte bis vor kurzen ihren Vater gepflegt.

Wer weiß, was sie noch alles machte. Zum Beispiel einem nahezu fremden Patienten seine Wäsche aus der Wohnung holen. Eine Frau, die offenbar anpackte und nicht lang herum lamentierte. Und ein großes Herz hatte.

Sie schien meine Gedanken lesen zu können.

„Es hilft einem anderen Menschen zu helfen. Sie bekommen so viel zurück, dass es alle Mühen wert und unbezahlbar ist. Das Gefühl einem anderen was Gutes tun zu können bzw. die Dankbarkeit, die man dafür bekommt, ist mein Lebenselixier. Das füllt meinen Tank auf, wenn er mal zur Neige geht. Dafür lohnt es sich zu leben.‟

Sie strich sich eine Strähne aus dem Gesicht.

„Geld können sie nicht mitnehmen. Geld nährt sie nicht. Materielles wird sie in Zeiten der inneren Not nicht stützen. Aber die Liebe zu anderen Menschen, wird ihnen die Kraft geben alles tragen zu können.‟

„Es ist ein unendlicher Reichtum, der jederzeit verfügbar ist, Mitgefühl und Sympathie für andere Menschen zu zeigen. Für jeden Menschen ist dieser Reichtum sofort verfügbar. Nur die meisten wissen es nicht.‟

Sie nahm mein Tablett und schaute mich nachdenklich an.

„Ich will Ihnen nicht zu nahe treten. Aber was ist mit dem Vater der Kinder? Sie sagten ja, Sie sind alleinerziehend." Ich hoffte, die Frage war nicht unverschämt. Aber es schien mir wichtig, die Frage zu stellen.

„Das ist eine lange Geschichte. Aber um es kurz zu machen, ich habe gespürt, dass er nicht glücklich mit mir war. Wir haben uns viel darüber unterhalten und beschlossen, dass wir uns trennen und voneinander loslassen."

Dann tätschelte sie mir den Arm und lächelte. Ich zögerte und wollte sie zur der Trennung genauer befragen. Aber bevor ich meine Frage formulieren konnte, war sie schon wieder bei der Tür und raus.

Von irgendwo her hörte ich immer wieder ein leises Schnarchen und wachte davon auf. Und stellte fest, dass ich selbst der Schnarcher war.

Ich war wieder kurz eingenickt gewesen, nachdem Schwester Gisela rausgegangen war.

Auf meinem Nachttisch standen Blumen in einer Vase. Bevor ich mich fragen konnte, von wem die waren, kam Lola herein.

„Hey, Du bist wach! Wie geht's Dir? Du hast geschlafen, ich wollte Dich nicht wecken."

Sie zog sich einen Stuhl zum Bett und setzte sich.

Lola sah erholt und frisch aus. Sie war eine wirklich schöne Frau. Wieso hatte ich mich eigentlich so rüde damals von ihr distanziert? Wahrscheinlich, weil ich ein Angsthase war.

„Was ist passiert, Tom? Ich habe mir nach Deinem Anruf wahnsinnige Sorgen gemacht!"

Ich erzählte ihr, wie es mir in den letzten Wochen gegangen war nach unserer Trennung. Und wie ich dann an dem Tag meiner Präsentation während des Vortrags zusammengebrochen bin. Dass ich wiederbelebt werden musste und über den Eingriff an meinem Herzen.

Sie hörte sich alles ruhig an. Dann meinte sie: „Ist es das wert? Willst Du wirklich sterben?"

Ich verstand erst nicht, was sie meinte. Und schaute, sie fragend an: „Wie meinst Du das?"

„Merkst Du eigentlich nicht, was Du mit Dir machst? Du bestehst nur noch aus Arbeit. Das ist das einzige, was für Dich zählt. Dem ordnest Du alles andere unter. Selbst Deinen Sohn. Und hast Du Dich schon mal gefragt, wieso das so ist?"

„Eigentlich nicht wirklich. Es zwingt mich ja keiner. Ich denke mal, weil es mir Spaß macht. Ich gehe gerne auf die Arbeit."

„Ja, Tom, das ist schon gut so. Aber es kommt auf das richtige Maß an, weißt Du. Und das ist Dir komplett verloren gegangen. Ich glaube, Deine Arbeit dient Dir mittlerweile als Ausrede um vor allem fliehen zu können, was Dir Angst macht. Das ist Dein Bollwerk. Für Deine Angst wieder eine Beziehung einzugehen. Und damit das Risiko auf Dich zu nehmen, wieder verlassen werden zu können."

„Willst Du wieder über uns beide reden? Ob wir zusammenziehen sollten oder nicht, oder was?" Ich merkte wie ich sofort auf Abwehrmechanismus schaltete. Und spürte gleichzeitig, Lola hatte einen wunden Punkt getroffen.

„Denk einfach mal drüber nach. Aber wenn Du so weitermachst, dann bist Du beim nächsten Herzinfarkt tot. Und das weißt Du selbst.", entgegnete mir Lola ruhig. Sie schaute mich eher mitleidig an und war deutlich auf keinen Streit aus.

Sie stand auf, küsste mich auf die Wange, streichelte mir übers Gesicht und ging.

Sie hatte mehr als Recht. Und mir war es auch klar. So sollte ich nicht weitermachen. Damit wurde ich niemand gerecht. Am wenigsten mir selbst. Ich musste was ändern an meinem Leben. Bis jetzt hatte ich irgendwie gedacht, dass ich schauen sollte wieder fit zu werden, und dann wieder in der Arbeit Gas geben könnte. Natürlich nicht mehr so extrem, aber doch motiviert.

Nach dem Gespräch mit Lola, fühlte sich das plötzlich anders an. Sie hatte Recht. Mir fiel es wie Schuppen von den Augen. Ich machte mir wahrscheinlich was vor. Meine Arbeit diente mir, um vieles nicht sehen zu müssen. Meine Angst vor einer neuen Beziehung, sicher auch Angst mich emotional zu sehr auf Viktor einzulassen. Und wahrscheinlich auch Angst davor nicht gut genug zu sein – als Vater, als Partner, in der Arbeit.

Da hatte sich langsam und subtil in mir was entwickelt. Etwas, dessen ich mich mehr und mehr bediente, um so einigen unliebsamen Wahrheiten nicht ins Antlitz blicken zu müssen.

Aber ich war doch kein Fall für den Psychologen? Konnte es trotzdem so einfach gehen und man verfiel in eine Art Vermeidungsverhalten? In ein Vermeidungsverhalten, dass einen dazu brachte, etwas was grundsätzlich gut war, derartig überzudosieren? Also in meinem Fall die Arbeit. Etwas was ich grundsätzlich gern machte. Bei jemand anderen könnte es das Essen oder der Sport oder sein Aussehen sein. Hatte ich mich derartig in die Arbeit gestürzt um mich meinen Ängsten nicht stellen zu müssen? Und wann ist das gekippt? Von noch gut zu zu viel? Als Viktor geboren wurde, als mich Steffi verließ, als Lola mit mir zusammenziehen wollte? Oder schon viel vorher?

Ich saß in meinem Bett und schaute zum Fenster raus. Sah die Wolken am Himmel dahinziehen und dachte nach.

Außen flogen ein paar Elstern in den Bäumen herum und machten ihre schnarrenden Geräusche. Zwei näherten sich einer Rabenkrähe, die auf einem Ast saß.

Dann flog die Rabenkrähe auf, erhob sich für ca. 5 Meter in die Luft und schoss im Sturzflug auf die Elstern zu.

Diese flatterten kurz zur Seite und näherten sich dann wieder dem Ast auf dem die Rabenkrähe vorher gesessen hatte.

Die Rabenkrähe flog wieder in die Luft und schoss dann wieder im Sturzflug auf die Elstern zu.

Das Ganze wiederholte sich vielleicht 15 – 20 Mal.

Mir war nicht ganz klar um was es ging. Vielleicht war auf dem Ast unter den Blättern ein Nest, das die Rabenkrähe verteidigte und die Elstern plündern wollten.

Oder war das ein Spiel zwischen den Vögeln? Folgte das alles bestimmten Spielregeln, die man als Außenstehender nicht kannte und wirkte es deshalb auf den Betrachter so obskur?

Für den, der die Regeln kannte, war vielleicht alles völlig klar und durchschaubar.

Welche Regeln erkannte ich gerade in meinem Leben nicht? Was entging mir?

Irgendwie hatte ich das Gefühl, dass ich was in meinem Leben entschlüsseln musste. Etwas, was mir bislang verborgen geblieben war. Von dem ich gar nicht wusste, dass es da war und es entdeckt und erkannte werden wollte.

5. KAPITEL

„Na, wie geht es Ihnen heute?"

In der Tür stand Dr. Naumann. Er stellte sich vor mein Bett und sah wieder ziemlich müde aus. Seine Hände steckten in seinen Kitteltaschen und er wippte wieder leicht auf seinen Fußballen. Fast so als ob ihn das in Bewegung hielt, weil er sonst einschlafen würde.

„Gut, mir geht's ziemlich gut. Danke." Ich überlegte kurz, ob ich ihm jetzt eine Frage stellen sollte, die schon länger in meinem Kopf herumschwirrte. Aber ich war mir nicht sicher, ob ich die Antwort wirklich wissen wollte oder mich mit dem Thema beschäftigen wollte. Aber nachdem ich ja festgestellt hatte wie sehr ich mich offenbar hinter meinen Ängsten und Zweifeln versteckte, wollte ich jetzt den anderen Weg wählen. Das Vermeiden hatte mich ja in die Überforderung gebracht. Vielleicht wäre dann der andere Weg, der Weg der Konfrontation, gesünder?

„Dr. Naumann, wie hoch ist die Wahrscheinlichkeit, dass mir das wieder passiert? Ich bin jetzt 42, und hatte jetzt diesen Herzinfarkt. Kann mir das wieder passieren? Oder wie kann ich das verhindern?"

Dr. Naumann hörte auf zu wippen und schaute mich ernst an, dann zog er sich einen Stuhl her und setzte sich. Er fuhr sich mit der Hand übers Gesicht.

„Wollen Sie die Wahrheit wissen?"

Ich zögerte: „Hm, ja ich glaube, das will ich."

„Ok, ich sage Ihnen was genau gemacht wurde und dann wie die Prognose ist, ok?"

Ich nickte.

„Es bestand bei Ihnen eine Engstelle im Herzkranzgefäß. Diese hat zu dem Herzinfarkt geführt. Die Engstelle wurde mittels einer Ballondilatation mit einem Ballonkatheter aufgedehnt. Dieser Eingriff wird auch PCI oder Perkutane koronare Intervention genannt. Damit die geweitete Stelle offen bleibt, wird häufig nach dem Weiten ein Stent eingesetzt: ein engmaschiges Metallgitter, das über den zusammengefalteten Ballon gestülpt ist und über den Katheter in die Engstelle gebracht wird. Bei einem akuten Herzinfarkt ist die Aufdehnung mittels Ballondilatation und das Einsetzen eines Stents häufig das Mittel der Wahl. Der Stent stützt sozusagen das Gefäß von innen"

„Ok, habe ich verstanden. Und jetzt die Prognose."

„Nun, für den weiteren Verlauf und die Prognose sind die ersten zwei Stunden nach Eintritt eines Herzinfarktes entscheidend. Neben der Infarktgröße beeinflusst die in dieser Zeit eingeleitete Therapie zur Wiedereröffnung des betroffenen Herzkranzgefäßes das Ergebnis erheblich. Das Überleben des akuten Herzinfarkts hängt im Akutstadium im Wesentlichen von zwei schweren Komplikationen ab - Herzrhythmusstörungen, insbesondere das Kammerflimmern, und das Pumpversagen.

Ihr Herz ist ja durch das schnelle Eintreffen des Notarztes schnell versorgt worden.

Für die Langzeitprognose nach akutem Herzinfarkt sind u.a. entscheidend, ob sich eine Herzschwäche entwickelt, wie erfolgreich die Risikofaktoren für einen weiteren Herzinfarkt behandelt werden und wie konsequent eine gesunde Lebensweise eingehalten wird und ob die Herzkranzgefäß-Erkrankung fortschreitet.

Nach der Krankenhausentlassung versterben innerhalb der folgenden zwei Jahre weitere 5 - 10 Prozent am plötzlichen Herztod. Eine wichtige Rolle spielt dabei allerdings auch das Alter des Patienten. Bei den über 75-Jährigen ist die Todesfallrate mehr als dreimal so hoch. Sie sind ja erst 42 Jahre."

Als ich die Zahl hörte 5 – 10 Prozent und das Wort plötzlicher Herztod, wurde es mir anders. Was, wenn ich zu diesen 5 – 10 Prozent gehörte? Hatte ich mein Leben fahrlässig in eine Sackgasse manövriert? Das könnte mir also jederzeit wieder passieren?

Dr. Naumann schien meine Gedanken zu erfassen: „Aber man kann auch einiges tun, um einen Reinfarkt zu verhindern. Es gilt die Risikofaktoren der Arteriosklerose bzw. der koronaren Herzkrankheit zu minimieren bzw. so gut wie möglich zu behandeln. Neben einer möglichen medikamentösen Therapie mit z.B. Blutverdünnern ist vorbeugend eine gesunde Lebensweise wichtig. Dazu gehören v.a. folgende Maßnahmen: Verzicht aufs Rauchen, Reduzierung von Übergewicht. Aber das liegt bei Ihnen ja nicht vor.

Und dann aber auch eine gesunde salz- und fettarme Ernährung - empfehlenswert ist die „Mittelmeerdiät" - mit viel ungesättigten Fettsäuren aus pflanzlichen Ölen und wenig gesättigten Fettsäuren aus Fleischprodukten. Dazu Sport am besten dreimal pro Woche für mindestens 45 Minuten. Ausdauersportarten wie Wandern, Radfahren, Walken und Schwimmen eignen sich hier besonders gut. Und v.a. Reduzierung von Stress im Alltag und Berufsleben.“

Er machte eine Pause.

„Hier können Sie sicher was positiv verändern um Ihr Risiko zu vermindern Hr. Fellner. Ernähren Sie sich gesund, machen Sie regelmäßig Sport und v.a. ist weniger Stress in Ihrem Leben wichtig. Dazu können Sie auch Entspannungstechniken wie Muskelentspannung nach Jacobson oder Meditation erlernen.“

Ok, das hatte gesessen. Also musste ich mein Leben verändern, wenn ich nicht das Risiko hier wieder zu landen nicht eingehen wollte.

„Ok, mal Hand aufs Herz, was würden Sie mir genau raten?"

„Nun, Sie haben keine hohen Risikofaktoren wie Übergewicht oder Vorerkrankungen in der Familie. Und dennoch hatten Sie einen massiven Infarkt. Das ist schon ein immenser Warnschuss von Ihrem Körper. Das heißt, etwas ist aus dem Gleichgewicht geraten. Also sollten Sie überlegen, was das sein könnte, und sie sollten versuchen, das zu ändern. Dazu kommt sicher zu viel Stress und zu wenig Ruhe."

„Ja, meine Work-Life-Balance ist sicher mehr zugunsten meiner Arbeit ausgefallen."

„Das kenne ich." Er grinste mich schief an und schaute dann nachdenklich auf den Boden und meinte: „Es geht nicht nur darum, das zu tun, was einem Spaß macht. Sondern auch um einen guten Ausgleich zu finden."

Wieder allein im Zimmer, dachte ich noch mal über das Gespräch nach. Um sein inneres Gleichgewicht zu erhalten, bedurfte es offenbar größerer Achtsamkeit als man vielleicht gemeinhin dachte. Man wurde schnell verleitet sich zu sehr in eine Richtung zu orientieren.

Ich hatte mich zu sehr in die Arbeit gestürzt. Und mich von dem anfänglichen Spaß an der Tätigkeit verleiten lassen, diesen als Alibi zu verwenden, um mich von anderen Dingen in meinem Leben, die auch gesehen werden wollten, abwenden zu können. Ich hatte letztlich meine Arbeit hergenommen und diese unter dem Deckmantel benützt, dass sie mich erfüllte, um vor meinen Lebensängsten fliehen zu können und eine Art Schutzwall davor zu haben.

Dadurch hatte ich mein Leben zu sehr in eine Richtung tendieren lassen. Meine Schwingungsfähigkeit war verloren gegangen und mein Pendel zwischen den verschiedenen Polen war nur mehr am Anschlag an einem Pol.

Mein Leben erstarrte und verhärtete. Da andere Seiten nicht mehr von mir gelebt wurden. Seiten, die Liebe, Freude, Leichtigkeit oder Unbeschwertheit verheißen.

Eine fast logische Konsequenz schien dann zu sein, dass auch meine Herzkranzgefäße verhärteten und ich einen Infarkt bekommen hatte.

Mein Herz war verdurstet und ausgetrocknet und spröde geworden. Weil ich alle Herzensangelegenheiten in meinem Leben hatte zu kurz kommen lassen. Es ging eben nicht nur um Spaß an einer Tätigkeit im Außen, sondern auch um den Innenraum. Um das, was sich in der Brust abspielte. Ob es ausreichend Nahrung dafür gab.

Wenig später wurde mein Abendessen serviert. Es waren drei Brotscheiben mit Wurst und Käse, Butter, etwas Paprika und Gurke und ein Joghurt. Kein wirkliches Festmahl. Aber es gelang mir, mein Essen bewusst zu essen und ich genoss jeden Bissen und erfreute mich an den Gerüchen.

Dazu trank ich eine Tasse Hibiscustee. Ein roter, leicht säuerlich riechender Tee, den ich eigentlich nie gemocht hatte. Ich roch an ihm und mir fiel auf, dass mir der Geruch angenehm war. Mit etwas Zucker gemischt schmeckte mir dieser typische Krankenhaustee, den ich seit ewigen Zeiten nicht mehr getrunken hatte, jetzt sehr gut.

Ich schlürfte den heißen Tee in kleinen Schlucken, spürte wie er meine Kehle die Speiseröhre nach unten in meinen Magen rann. Und erfreute mich an seiner Wärme, die er mir spendete.

Dazu schluckte ich dann brav meine Tabletten und suggerierte mir damit, dass ich jetzt das Gröbste hinter mir hatte.

Ich probierte den Fernseher aus und zappte durch verschieden Programme. Doku-Soaps oder irgendwelche Krimiserien schienen um diese Zeit das hauptsächliche Programm auszumachen.

Nachdem mir die Dialoge zu platt waren, schaute ich eine Zeitlang ohne Ton. Eine interessante Variante, da die Schauspieler teilweise derart überzogen spielten, dass auch ohne Ton klar war, was gerade passierte.

Die Nachtschwester holte mein Tablett und wünschte mir eine gute Nacht.

Dann lag ich da, allein in meinem Zimmer. Es war schon ewig her, dass ich so früh im Bett lag. Zuletzt als ich als Kind krank war.

Gut, ich war ja auch krank gewesen sozusagen. Aber jetzt war ich ja wieder fit - oder nicht?

Je dunkler es wurde, desto mehr stieg in mir langsam eine diffuse Angst hoch. Die Worte „5 – 10 Prozent" und „plötzlicher Herztod" setzten sich in meinem Kopf immer mehr fest.

Was, wenn ich zu diesen 10 Prozent gehören würde? Und plötzlicher Herztod hieß ja wohl, ich konnte jederzeit, ohne Vorwarnung tot umfallen.

Bisher bin ich relativ ruhig mit dem Thema Tod umgegangen. Tod war für mich etwas, das einem widerfährt, wenn man alt ist.

Nun schien ich plötzlich ein potentieller Kandidat für einen plötzlichen Tod zu sein.

Wieder kam mir der Gedanke, mein Leben irreparabel mit meinem Fehlverhalten geschädigt zu haben. Ich begann vor Anspannung leicht zu schwitzen.

Meine Gedanken kreisten in meinem Kopf. Immer wieder dachte ich an die 5 – 10 Prozent und die Worte „plötzlicher Herztod".

Mir kam mein Zimmer, in dem ich die Ruhe bisher sehr genossen hatte, sehr einsam vor. Fast wünschte ich mir einen Bettnachbarn.

Bisher hatte ich eigentlich überflüssige Sozialkontakte gemieden. So war meine Sichtweise. Jetzt hatte ich plötzlich das Verlangen nach Kontakt mit jemanden.

Ich machte das Licht aus und konnte lange nicht einschlafen. Das Thema beschäftigte mich bis in den Schlaf. Ich träumte von einem Raum, in dem sich viele Leute aufhielten. Plötzlich wendeten sich alle gegen mich. Ich war an etwas Schuld und sie wollten mich dafür büßen lassen. Die Türen des Raums waren verschlossen, aber irgendwie entdeckte ich meine Fähigkeit die Wände an die Decke hoch krabbeln zu können wie eine Eidechse.

Dort presste ich mich an die Decke und die aufgebrachte Menge versuchte mich mit spitzen Stöcken zu treffen und von der Decke herunterzuholen. Mir gelang es immer ganz knapp den Angriffen auszuweichen.

Aber langsam konnte ich nicht mehr. Es kostete viel Kraft sich an der Decke zu halten und den ständigen Angriffen auszuweichen. Ich hatte panische Angst und wusste nicht wie ich entkommen könnte. Ich war der Situation vollkommen ausgeliefert und es war eine Frage der Zeit bis ich keine Kraft mehr haben würde.

Ein lautes schepperndes Geräusch ließ mich aus meinem Traum hochschrecken. Das Licht ging an und zwei Pfleger schoben ein Bett herein.

Im Bett lag ein älterer Mann, der im Gesicht bleich und verschwitzt war.

Die Pfleger postierten das Bett und die Überwachungsmonitore und Infusionsständer. Dann löschten sie das Licht und verschwanden wieder.

Es war zwar drei Uhr in der Nacht, aber ich war jetzt völlig wach. Mein Zimmernachbar blickte mit großen Augen unruhig an die Decke und nestelte nervös mit seinen Händen auf der Zudecke herum.

Das Piepen der Geräte klang regelmäßig und ich fragte mich, was er wohl hatte.

Er hüstelte nervös und sein Blick hing jetzt an dem EKG-Gerät.

Ich spürte seine Unruhe und merkte wie ich dadurch auch innerlich wieder unruhiger wurde und meine Gedanken zu meinem überstandenem Herzinfarkt wanderten und dem erhöhten Risiko, das dadurch entstanden war.

Es schien mir unpassend ihn mitten in der Nacht anzusprechen und zu stören. Aber irgendwie hatte ich das Gefühl, es würde ihm guttun. Und vielleicht mir auch.

„Was führt Sie denn so spät hierher?" Kaum hatte ich den Satz ausgesprochen, war er mir schon peinlich. Aber er musste plötzlich lachen.

Und ich konnte nicht anders und musste auch lachen.

Dann machten wir uns bekannt. Er erzählte mir, dass er vor einem Jahr einen schweren Herzinfarkt gehabt und diesen nur knapp überlebt hatte. Er war mehrfach reanimiert worden, wobei ihm einige Zähne beim Intubieren ausgebrochen worden waren. Dann hatte er in einer langen Operation zwei Bypässe erhalten.

Es ging ihm wohl soweit recht gut, aber am Abend hatte er wieder das Gefühl gehabt, dass etwas mit seinem Herz nicht stimmte. Er hatte einen starken Druck in der Brust gespürt. Dadurch stieg in ihm eine Panik hoch, dass er einen Reinfarkt haben könnte. Das war jetzt das zweite Mal in drei Monaten.

„Übrigens bin ich der Georg, Georg Weiß. Und ich bin Künstler", schloss er ab.

Er wirkte jetzt viel ruhiger. Hatte sich im Bett aufgesetzt und schaute mich interessiert an.

„Und was führt Dich her?" Wir lachten nochmal über meinen leicht verqueren anfänglichen Einstieg.

Ich erzählte ihm meine Geschichte und spürte wie mir das Erzählen gut tat. Vielleicht auch, weil ich meine ähnlichen Ängste aussprechen konnte. Und er ein Leidensgenosse war. Den es deutlich schlimmer als mich erwischt hatte.

Meine Angst, die mich vorhin noch so sehr beschwert hatte, nahm immer mehr ab. Auch weil ich spürte, wie sehr Georg innerlich litt und seinen Infarkt offenbar noch nicht wirklich verarbeitet hatte.

Ich erzählte ihm detailliert wie mich das Gespräch mit Dr. Naumann irritiert hatte, als ich erfuhr, dass die Wahrscheinlichkeit auf einen plötzlichen Herztod jetzt um einige Prozent höher lag.

Dass ich mich bis zum dem Gespräch eigentlich eher als robust und geschützt empfunden hatte. Der Typ, der einen heftigen Herzinfarkt einfach so wegsteckt.

Um plötzlich einen Wechsel meiner Perspektive zu erhalten. Allein durch die Nennung der 5 – 10 Prozent. Ab dem Moment empfand ich mich eher als den Typ, der sich ohne Not in die

Situation manövriert hatte, ein deutlich erhöhtes Risiko zu haben jederzeit tot umfallen zu können.

Die Bewertung meiner Situation hatte sich geändert. Von toller Hecht zu potentieller Todeskandidat.

Georg saß fast ein bisschen verschmitzt in seinem Bett und grinste mich an.

„Willkommen im Club. Solche Zahlen wurden mir auch genannt. Und natürlich was alles Vorboten sein könnten, dass es wieder ein Problem geben könnte."

Er schaute länger auf die Bettdecke und seine Hände. „Seitdem beobachte ich mich ständig und höre ängstlich in mich rein. Irgendwie ist das wie Zwangsgedanken, die ständig wieder kommen und mich nicht zur Ruhe kommen lassen." Er blicke mich schwer und müde an.

Und wieder tat er mir leid, ich konnte seine innere Not spüren und wollte ihm helfen.

Mir fiel ein, was unser Biologielehrer vor langer Zeit mal gesagt hatte. Ich wusste nicht, ob es wirklich passend war, aber ich hatte das Bedürfnis Georg was an die Hand zu geben.

„Der menschliche Körper hat gelernt in vielen Jahrtausenden sich selbst zu heilen und zu regenerieren. Dabei kann er bei Knochenbrüchen, diese selbst wieder ausrichten und zusammenwachsen lassen. Ohne Zutun eines Arztes. Ohne Operation, ohne Krankenhaus. Jeder Körper ist sich selbst der beste Arzt."

„Hm, da ist sicher was dran. Aber mir fehlt immer der Glaube, dass ich sicher bin, verstehst Du?"

„Mir geht es genauso. Aber Du kannst nur vertrauen oder eben nicht. Ein bisschen vertrauen geht nicht. Dein Körper hat sich jetzt ein Jahr nach dem Vorfall so gut regeneriert, dass Du wieder völlig gesund bist. Oder hattest Du wirklich wieder ernsthafte Probleme seitdem?"

„Nicht wirklich, wenn ich ehrlich bin. Es ist nur meine Angst, dass es wieder kommen könnte."

„Dann hast Du also allen Grund, Deinem Körper was zu zutrauen. Und könntest ihm eigentlich völlig vertrauen, oder? Oder hat er Dich enttäuscht seither?", fragte ich Georg.

„Nein, eigentlich, im Gegenteil. Ich bin erstaunt wie fit ich wieder bin."

„Na also, dann lass das zu, was ist. Du kannst Deinem Körper vertrauen. Er versucht stets das Beste zu bewirken."

Wir schauten uns an und schwiegen eine Weile.

Ich spürte wie meine Worte im Raum standen und ihre Wirkung taten.

„Gute Nacht Tom. Und – danke! Deine Worte haben mir jetzt gut getan."

„Gerne. Gute Nacht!"

Wir schwiegen und irgendwann hörte ich ihn langsam und gleichmäßig atmen.

6. KAPITEL

„Guten Morgen, aufstehen die Herren!" Schwester Gisela stand in der Tür und brachte uns unser Frühstück.

„Na, Hr. Weiß, wie geht's Ihnen? Alles wieder ok? Aussehen tun Sie auf jeden Fall wie das blühende Leben."

Georg setzte sich aufrecht ins Bett und schaute erwartungsvoll auf sein Frühstückstablett.

„Danke, aber, wenn mein Tag mit Ihnen beginnt, dann geht's mir immer prächtig." Er grinste schief.

Georg erzählte mir später, dass er Schwester Gisela von damals gut kannte und sie ihm mit ihrer hilfsbereiten, anpackenden Art viel geholfen hatte, was mich nicht verwunderte.

Ich schaute Georg an wie er sein Brot schmierte und sich seinen Tee eingoss. Er sah jetzt ruhig und entspannt aus. Ganz anders als heute Nacht. Das freute mich.

„Geht's dir wieder besser?", fragte ich.

„Ja, danke. Ich weiß auch nicht, was gestern Abend in mich gefahren ist. Aber danke für Deine Worte heute Nacht. Das hat mir sehr geholfen."

Georgs Worte berührten mich. Das war ein neues Gefühl für mich. Ich kannte ein Lob vom Vorgesetzten in der Arbeit oder wenn mir ein Projekt gelungen war und ich zeigen konnte wie gut ich war und entsprechendes Feedback bekam.

Aber Dank zu bekommen und das einfach nur für meine Worte, war mir neu. Und es fühlte sich sehr erfüllend und befreiend an.

Man konnte auch durch sein bloßes da sein für jemand einen Mehrwert schaffen. Der sich nicht in Zahlen messen, sich aber umso reicher in der Seele erfühlen ließ.

Nach dem Frühstück ging ich wieder zu Sensory Awareness. Ich war gespannt, ob es diesmal auch so einen Aha-Effekt für mich geben würde.

Wir zogen die Schuhe und Socken aus und setzten uns im Kreis auf den weichen Teppich. Jeder berichtete wie es ihm heute ging. Viele berichteten davon, dass sie sich sorgten wie es mit ihrer Gesundheit weitergehen würde. Ich konnte sie alle gut verstehen.

Wenn man so deutlich mit seiner eigenen Vergänglichkeit konfrontiert wird, dann ist das theoretische „Irgendwann wird es mal enden" plötzlich faktische Realität, die sich nicht mehr einfach wegschieben lässt.

Und diese Realität ist so mächtig, dass man erst lernen muss damit einen guten Umgang zu finden.

Wir standen alle und spürten den Kontakt unserer Füße mit dem Untergrund nach. Unsere Augen waren geschlossen dabei. Ich fühlte wieder meine beiden Füße auf dem Teppich. Spürte die Rauheit des Teppichs an meinen Fußsohlen. Fühlte nach wie sich mein Gewicht auf meinen Füßen verteilte. Wie mein Körper permanent leicht schwankte und doch das Gleichgewicht hielt.

Nach einiger Zeit meinte Peggy, wir sollen die Augen geschlossen halten und anfangen im Raum umherzugehen. Aber nicht hektisch oder schnell, sondern achtsam und langsam. Achtsam den Fuß anheben und den Kontakt zum Boden lösen und dann wieder achtsam den Fuß absetzen und den Kontakt wieder aufnehmen. Und dem Schritt, den man getan hatte nachspüren.

Und dann der andere Fuß. Zunächst leitete sie uns an, dann verstummte sie.

Mir war nicht ganz wohl dabei mit geschlossenen Augen zu gehen. Früher oder später würde man doch gegen einen anderen oder die Wand laufen?

Peggy meinte, wir würden spüren, wenn wir achtsam und langsam Schritt für Schritt setzen würden, wenn jemand oder was im Weg wären.

So liefen wir langsam und achtsam durch den Raum und spürten Schritt für Schritt nach.

Ich merkte wie sich in mir die Bereitschaft zum nächsten Schritt ausbreitete, wie sich mein Gewicht langsam auf den anderen Fuß verlagerte. Mein Gehfuß wurde entlastet, mein ganzes Gewicht lag nun auf dem Stehfuß. Langsam hob ich den Fuß an, spürte wie der Kontakt mit dem Boden nachließ, erst an der Ferse, dann am Ballen. Mein Stehfuß war nun voll belastet und fest und unausweichlich im Kontakt mit dem Boden, mein Gehfuß bewegte sich nach vorne. Dann nahm er wieder Kontakt mit dem Boden auf und fing auch wieder langsam an, einen Teil meines Körpergewichts aufzunehmen und zu tragen. Der Stehfuß wurde entlastet. Ich spürte wieder wie die Struktur des Teppichs meine Fußsohle formte und ich wieder stand.

Dann verlagerte sich mein Gewicht langsam auf den anderen Fuß und ich tat langsam und bedacht den nächsten Schritt.

Und obwohl wir uns nicht sehen konnten, stieß keiner mit jemand zusammen. Durch das langsame, achtsame Schreiten spürte man, ob jemand vor einem war oder ob man jemandes Weg kreuzte.

Obwohl wir alle unsere Schritte taten, unsere persönlichen Fortschritte machten und jeder für sich vorankam, behinderten wir uns nicht und standen uns nicht im Weg. Allein durch unsere Achtsamkeit.

Danach saßen wir wieder im Kreis zusammen und jeder äußerte, was er erlebt hatte.

Ich war sehr erstaunt, dass niemand mit einem anderen zusammengestoßen war. Man konnte sich tatsächlich in einer Gruppe mit geschlossenen Augen kollisionsfrei durch ein Zimmer bewegen. Wenn man nur achtsam genug füreinander war.

Ich verließ die Gruppe innerlich immer noch sehr erstaunt, von dem was passiert war. Und versuchte, das Gelernte mit halb geschlossenen Augen auf dem Flur auszuprobieren. Es klappte natürlich nicht. Dafür war nötig, dass jeder sorgsam in den Kontakt mit dem Boden ging und sich wieder davon löste. Schritt für Schritt. Und sich mit einer Bewusstheit durch den Raum bewegte, dabei den anderen genug Platz ließ das gleiche zu tun.

Kein raumgreifendes Durchhetzen, sondern ein Bewegen aller mit einer Bewusstheit für den Raum.

Georg war von den Checks zurück, die man mit ihm geplant hatte. Er lag in seinem Bett und schlief ruhig. Ich schloss daraus, dass alles ok war. Und hoffte, dass dem wirklich so war.

Ich legte mich auch ins Bett. Mittlerweile kam mir das gar nicht mehr so beschämenswert unproduktiv vor. Ich genoss es mich einfach so unter meine Decke zu legen und die Augen zu schließen.

Wieso denn nicht? Mein Körper hatte einiges mitgemacht. Wieso sollte ich ihm nicht Zeit zum Ausruhen und Energie schöpfen geben?

Eigentlich war ich ihm das auch schuldig. Und lange schuldig geblieben. Bis er nicht mehr konnte.

Immerhin funktionierte er Tag für Tag. Gleichte ständig alle möglichen Defizite klaglos aus, ohne dass ich davon das Mindeste mitbekam.

Man nahm das als Selbstverständlichkeit hin. Und wenn er mal nicht funktionierte, dann wurde eine Pille eingeworfen und man erwartete, dass alles wieder so weiterging wie bisher.

Später saßen Georg und ich in unseren Betten und aßen zu Mittag.

„Was machst Du eigentlich für Kunst?" fragte ich Georg.

Er kaute seinen Hackbraten und schluckte ihn runter. „Ich bin Maler. Ich male abstrakt."

„Ok, interessant. Und kann man davon leben?" Kaum hatte ich die Frage gestellt, war sie mir unangenehm.

Georg lächelte. „Das interessiert mich nicht, weißt Du. Ich mache Kunst, weil ich es muss. Sonst würde ich zerspringen."

Seine Antwort beeindruckte mich. Etwas tun, weil man sich dazu berufen fühlt. Ohne Überlegung wie sich das Tun finanziell lohnen könnte.

Ich nickte. „Ok, das ist ein neuer Aspekt von Arbeit für mich. Das finde ich sehr mutig."

„Da geht es nicht um Mut, Tom. Es geht um neue Welten, die geschaffen werden wollen. Ich habe Kunst an der Akademie für bildende Künste in München und dann in Wien studiert. Dort war ich Meisterschüler. Aber das zählt nicht. Geld ist für mich nicht interessant.

Ich lehne mich gegen gesellschaftliche und technische Entwicklungen auf, die das Individuum zur Funktion verkümmern lassen.

Mich motivieren der Glaube an die Macht des Individuums gegen die Funktion und der Glaube daran, dass Kunst in

Zusammenarbeit mit dem Rezipienten etwas bewirkt. Es inspiriert mich die Möglichkeit, mit meinen Arbeiten weltweit kommunizieren zu können. Das ist es was mich interessiert und antreibt."

Er machte eine Pause. Kratzte sich am Kinn und fuhr sich mit der Hand übers Gesicht.

„Weißt Du, das Wichtige an Kunst ist, eine Resonanz zu schaffen. Ich sehe die Welt und sie fließt in meinen Kopf. Und wird dort von mir dechiffriert. Dann fließt die Welt wieder aus mir raus in meine Kunst."

„So habe ich das noch gar nicht gesehen. Ich stehe oft vor Kunstwerken und weiß aber nicht, was sie bedeuten oder mir sagen sollen."

„Das geht mir auch oft so!" Georg lachte und ich musste einstimmen.

„Das Wichtige ist die Resonanz, die ein Kunstwerk schafft. Und die kann bei jedem Betrachter eine andere sein. Aber sie ist wichtig. Du wirst mit Kunst konfrontiert und spürst eine Resonanz in Dir. Etwas wird in Dir ins Schwingen gebracht. Gefühle, Erinnerungen, Gedanken. Das geht aber nur, wenn Du offen und bereit bist, wenn Du schwingungsfähig bist. Durch die Kunst werden in Dir Gefühle hervorgerufen. Und die Resonanz, die in Dir entsteht, das bedeutet das Kunstwerk für Dich."

„Ich habe mir mal in Nizza vor langer Zeit die monochromen blauen Bilder und Skulpturen von Yves Klein angeschaut. Und ich konnte nie sagen, wieso, aber seine Bilder haben mich immer positiv angesprochen. Ich hielt das immer für Quatsch, weil ich es nicht definieren konnte, was mich anspricht. Es ist ja eigentlich nur viel Blau. Aber jetzt kann ich es mir erklären."

„Resonanz können auch Musik oder ein Sonnenuntergang in uns hervorrufen. Du wirst berührt davon. Du spürst etwas berührt Dich. Und Du kannst Dich fragen: Was ist es, von dem ich berührt werde?

Und die Antwort kann sein: Vielleicht ist es die Schöpfung, die sich widerspiegelt in dem was wir sehen und was uns ergreift.

Kunst kann Dich mit dem Göttlichen verbinden."

Ich war sehr angetan von dem was Georg gerade gesagt hatte und nickte zu seinen Worten.

Ich verstand nun, was mich an den Werken von Yves Klein ansprach. Dieses Gefühl, das in mir entstand, und das ich immer abgetan hatte.

Es war die Resonanz, die in mir entstand.

Und das war ausreichend. Es bedurfte keiner Erklärung dafür, was an den Werken vielleicht gut war.

Und ich kannte dieses Gefühl tatsächlich auch aus anderen Situationen. Das blaue Meer vor mir und die Sonne und ein wolkenloser Himmel über mir, den Wind in den Haaren. Vor Jahren bei einem Ausflug mit einem Schiff im Mittelmeer. Ich hätte damals jauchzen können vor Freude.

Oder tatsächlich ein Sonnenuntergang. Der rötliche, manchmal völlig kitschig flamingofarbene Himmel, der immer feuriger wird und dann langsam am Horizont erlischt.

Allerdings war es wichtig, sich hingeben zu können. An das was die Sinne wahrnahmen. Ein achtloses Vorbeigehen und kurzes Bewerten mit „sehr schön" wird wahrscheinlich wenig Resonanz erzeugen. Sondern belässt einen in der Konsumentenrolle. Wie ein schnell und achtlos getrunkener Kaffee.

Es ist schon notwendig sich Zeit zu nehmen, in Kontakt zu gehen und achtsam zu sein. Dann kann der Zauber wirken, der Kontakt entstehen und das Schöne findet einen Widerhall in der eigenen Seele.

Nach dem Mittagessen gönnten wir uns ein Schläfchen und ruhten uns aus.

Dann musste Georg noch zu ein paar Tests und Untersuchungen.

Ich blickte in den Himmel und hing meinen Gedanken nach wie es eigentlich beruflich mit mir weitergehen konnte.

Irgendetwas in mir sagte, das der bisherige Weg nicht mehr der Richtige sein konnte.

Aber ich hatte finanzielle Verbindlichkeiten. Meine Wohnung wollte abbezahlt werden.

Und wie sollte ich jemals meinen Job inhaltlich runter fahren ohne völlig auf dem Abstellgleis zu landen?

Bisher hatte ich vermieden meinen Chef anzurufen und er hatte mich bis auf einen Genesungswunsch auch in Ruhe gelassen. Aber bald schon musste ich Farbe bekennen.

Meine Kollegin hatte mir geschrieben, dass sie einen Tag später die Präsentation gehalten hatte und alle waren unisono mit meinen Vorgehen und Planungen einverstanden.

Bis vor ein paar Tagen hätte mich das noch glücklich gemacht. Aber jetzt war plötzlich alles anders. Die Nachricht berührte mich kaum.

Das einzige was an der Nachricht befreiend wirkte, war, dass das Projekt weiterlief, aber ohne mich. Das entlastete mich innerlich. Ich fehlte sozusagen nicht, oder noch nicht.

Mir war klar, die paar Tage im Krankenhaus waren die Ruhe vor dem Sturm. Und ich musste bald eine Entscheidung treffen wie es weitergehen sollte mit mir. Beruflich, aber auch privat.

Plötzlich fühlte ich mich merkwürdig haltlos.

Was bis gestern noch richtig und klar war, war heute nicht mehr gültig. Fühlte sich schal und falsch an. Wie sollte es jetzt weitergehen? Was sollte ich machen?

Sollte ich alles aufgeben, was ich mir aufgebaut hatte? Und was wäre die Alternative dafür?

So hing ich meinen Gedanken Sorgen umwölkt nach.

„Hallo Papa!" Viktor stand in der Tür und winkte lachend.

„Hey, hallo mein Großer!" Ich sprang aus dem Bett und lief zu ihm. Er wirkte heute so groß und anders. War er über Nacht gewachsen?

Ich schloss ihn in die Arme und drückte ihn an mich und küsste ihn auf seine glatte Wange.

„Wie geht's Dir Papa? Wann kommst Du eigentlich aus dem Krankenhaus wieder raus?"

„Hm, ich denke in ein, zwei Tagen werde ich wohl entlassen. Und ich fühle mich gut. Sehr gut sogar."

Wir setzten uns auf mein Bett und unterhielten uns. Viktor erzählte mir von seinem Schwimmunterricht. Wie die Kinder dort lernten mit dem Schwimmbrett und nur mit dem Beinschlag voranzukommen.

Ich konnte mich gut erinnern wie ich das in der Grundschule machen musste. Und verzweifelte, weil ich nur so quälend langsam vorankam.

Viktor wollte wissen, wer mein neuer Zimmernachbar war. Ich erzählte ihm von Georg.

„Und weißt Du welchen Beruf Georg hat? Darauf kommst Du nie. Er ist ein Maler. Ein richtiger Künstler."

Viktors Augen leuchteten auf. Er bestürmte mich plötzlich mit Fragen. „Was malt er denn? Hast Du seine Bilder schon mal gesehen? Hat er eine richtige Malerwerkstatt so wie dieser deutsche Maler?"

Wir waren vor einiger Zeit mal im Dürer-Haus gewesen und Viktor war sehr angetan vom Leben dieses Künstlers.

„Malt er sich auch selbst und solche Hasen?"

„Ich weiß gar nicht genau, was Georg malt. Er ist ja erst letzte Nacht gekommen. Aber mich würden seine Bilder auch sehr interessieren. Weißt Du was, wenn er zurück ist, dann fragen wir mal, ob wir ihn in seinem Atelier besuchen dürfen. Ok?"

Viktor erzählte mir noch von Hockey, dass er vor einem Jahr angefangen hatte. Es gab dort jetzt schon kleine Turniere und Spiele, die ihm immer viel Spaß machten.

Währenddessen kam Georg zurück von seinen Untersuchungen. Ich stellte die beiden einander vor.

Georg spürte Viktors Begeisterung und ließ sich jede Menge Löcher in den Bauch fragen.

Als Viktor später wieder abgeholt worden war, merkte ich wie gut es mir ging.

Die ganze Schwere, die auf mir gelastet hatte, bevor er gekommen war, hatte sich komplett in Luft aufgelöst.

Meine Zweifel waren verflogen. Meine Schwäche war zu Kraft geworden.

Ich fühlte mich ausgerichtet und fokussiert und nicht mehr ausgeliefert und haltlos.

Viktors Gegenwart hatte mir Halt und einen Sinn gegeben und mich angefüllt mit hoffnungsvollen Gefühlen.

So klar und deutlich hatte ich das noch nie gespürt.

Es war wirklich ein Segen, dass ich einen Sohn hatte und Vater sein durfte.

7. KAPITEL

Georg wurde am Nachmittag wieder entlassen. Alle Untersuchungen und Tests waren gut ausgefallen.

Ich bedauerte, dass er schon wieder ging, freute mich für ihn aber auch sehr, dass er gesund war.

Wir verabredeten uns, sobald ich auch entlassen sein würde. Viktor und ich durften ihn dann in seinem Atelier besuchen kommen und er würde uns seine Bilder und Werke vorstellen.

Ich ging in die Cafeteria um ein paar Süßigkeiten zu kaufen. Eine schöne Tafel Schokolade hatte ich mir schon lange nicht mehr gegönnt.

Dort angekommen blätterte ich ein paar Zeitschriften, nahm mir eine Tafel Vollmilch und ging zur Kasse.

Dort zahlte gerade ein Mann, der eine Mütze trug und neben sich einen Infusionsständer herschob.

Er bewegte sich langsam und hatte eine wächserne Haut. Als er mich sah, lächelte er und meinte: „Hm, die ist gut, das ist meine Lieblingsschokolade. Darf ich aber leider gerade nicht essen."

„Das tut mir leid, sonst hätte ich Sie eingeladen."

Wir gingen nebeneinander raus.

Er sah gebrechlich und schwach aus, aber seine Augen leuchteten unglaublich lebendig und sein Blick war neugierig und wach.

Dann räusperte er sich. „Ich bin der Fritz. Hab Krebs. Sieht nicht so gut aus."

Ich fühlte mich kurz überfahren von so viel Offenheit und mich durchzuckte der Gedanke mich zurückzuziehen wie ich es

bisher immer getan hatte, wenn ich plötzlich vor einer mensch-
lich heiklen Situation stand.

Aber ich spürte auch, dass in dieser Begegnung viel Tiefe
liegen würde. Und Fritz wirkte sehr sympathisch.

„Ich heiße Tom. Und hatte einen Herzinfarkt. Freut mich Dich
kennenzulernen."

Wir schüttelten uns die Hand. Fritz musste plötzlich lachen
und meinte: „Wie alt bist Du Tom – doch höchstens 35? Wie
schafft man es denn so jung einen Herzinfarkt zu kriegen?"

„Danke. Ich bin 42 – und hol uns einen Tee. Wenn Du einverstanden bist. Und dann erzähl ich Dir meine Geschichte. Und
danach Du mir Deine. Ok?"

Wir setzten uns in einen ruhigen Bereich der Cafeteria. Dann
erzählte ich Fritz meine Geschichte.

Er hörte interessiert und ruhig zu. Ab und an stellte er mir
eine Frage.

„Danke für Deine Offenheit, Tom. Wie geht's Dir jetzt? Ich
meine psychisch?"

„Hm, eine schwierige Frage. Direkt danach war ich erst mal
froh überlebt zu haben. Dem Tod von der Schippe gesprungen
zu sein. Ich hatte das Gefühl alles überstanden zu haben.

Dann kam plötzlich die Angst als ich feststellte der Infarkt
hat auch eine Konsequenz, was die Zukunft angeht.

Aber auch diese Tatsache hat mittlerweile einen Platz gefunden. So fühlt es sich zumindest an."

„Gut Tom. Wie ist Dir das gelungen?"

Ich überlegte: „Hm, ich war am Anfang fast stolz, dass ich
den Infarkt so gut überstanden habe. Und war voller Vertrauen
in meinen Körper. Das schien mir fast selbstverständlich zu
sein.

Aber dann wurde mir klar, dass ich meinen Körper nachhaltig geschädigt hatte. Und meine Anfälligkeit für Herzprobleme erhöht hatte.

Damit war mein Vertrauen plötzlich weg. Und ich bekam Angst. Dann erkannte ich, dass man Vertrauen oft nur fassen kann, indem man einfach vertraut. So paradox das klingen mag."

„Da hast Du was Wichtiges erkannt. Es ist wie es ist. Und ich kann dem Prozess vertrauen. Oder ich kann in Panik verfallen. Aber es ist wie es ist. Und Du hast auch erkannt, ich habe die Wahl. Ich kann mich entscheiden. Will ich in Schockstarre voller Angst sein, oder vertraue ich dem Leben und vertraue, dass sich die Dinge gut entwickeln?"

Fritz lachte und sein Lachen ging dann in einen langen Husten über. Es rasselte und brodelte nur so und klang wie bei einem Kettenraucher.

Er hielt inne und schöpfte Atem. Langsam kam er wieder zu Luft.

Er sah jetzt fahl und erschöpft aus und starrte auf den Tisch als ob er dort nach etwas suchen würde.

Dann kehrte sein Blick wieder zurück und er schaute mich an.

„Weißt Du, ich habe nicht mehr so lange. Aber das ist ok. Damit kann ich leben. Und trotzdem möchte ich auch diesen Weg bewusst erleben. Ich habe versucht jeden Moment in meinem Leben möglichst bewusst zu erleben.

Und jetzt beobachte ich mich wie ich sterbe. Man stirbt ja immerhin nur einmal. Das kann man selten wiederholen. Außer man hatte ein Nahtoderlebnis so wie Du. Aber da warst Du ja noch nicht wirklich tot."

Er grinste wieder. Seine Augen hatten ihren Glanz zurückgewonnen.

„Willst Du jetzt auch ein Bier? Ich habe Durst. Ich brauch was Richtiges."

„Hm, ich glaube, ich bleib lieber bei einem Wasser."

„Ok, dann ein Bier und ein Wasser. Ich zahle und Du holst. Einverstanden?"

Fritz trank einen tiefen Schluck von seinem Bier und setzte es mit einem langen „Ahhh" ab.

„Vielleicht mein letztes, wer weiß."

Ich schaute ihn fragend an.

„Also gut. Meine Geschichte fehlt noch. Nun, ich habe wie gesagt Krebs. Lungenkrebs. Obwohl ich nie geraucht habe. Aber danach fragt der Krebs nicht. Er kommt einfach, wo und wann er will."

Er machte eine Pause und schaute nachdenklich auf seine Bierdose. Dann trank er noch mal genüsslich davon.

„Du fragst Dich vielleicht, wieso ich Alkohol trinke. Klar haben sie mir das strengstens verboten. Aber was soll denn schon passieren? Sterben werde ich so oder so. Und auf ein paar Tage hin oder her kommt es auch nicht mehr an.

Ich bin 65 Jahre alt und habe meinen letzten Geburtstag im Februar gefeiert. Immerhin ein Runder!"

Er lachte wieder und verfiel dann in sein Husten.

„Ich bin bereit zu sterben. Am Anfang war es schwer für mich zu akzeptieren, dass ausgerechnet ich Lungenkrebs haben sollte. Aber mit der Zeit hab ich gelernt die Krankheit anzunehmen. Jetzt weiß ich zumindest an was ich sterben werde."

„Bist Du verheiratet, hast Du Kinder?"

„Ja, ich war verheiratet. Und wir hatten einen Sohn."

Fritz drehte die Bierdose hin und her: „Aber Elsa und Stefan sind bereits tot. Es war ein Bootsunglück. Wir waren zusammen im Urlaub in Griechenland. Vor über 20 Jahren. Danach bin ich dann allein geblieben. Ab und an mal ein Techtelmechtel, aber ich konnte und wollte mich nicht mehr binden. Ich hatte Angst ihr Andenken zu besudeln und sie zu verraten, wenn ich mich noch mal auf eine feste Partnerschaft eingelassen hätte. Es gab mal eine, die hat mir schon recht gut gefallen. Aber ich habe den Kontakt zu ihr verloren. Vielleicht war das ein Fehler. Jetzt bin ich allein. Wie sieht es mit Dir aus? Bist Du verheiratet und hast Du Kinder?"

„Hm, ich kann Dich verstehen. Ich wollte mich auch nicht mehr auf eine Beziehung einlassen."

Er schaute mich fragend an.

„Meine damalige Frau hat mich mit meinem Sohn Viktor verlassen. Ihr Vorwurf war, dass ich zu viel in die Arbeit investiere und zu wenig für die Familie da bin."

„War das so?", fragte Fritz.

„Wenn ich ehrlich bin, dann war es wahrscheinlich so. Aber ich hatte es nicht erwartet. Es hat mich offenbar mehr getroffen als ich gedacht hatte.

Jedenfalls merke ich, sobald eine Beziehung ernst wird, flüchte ich. Selbst die Beziehung zu meinem Sohn habe ich schleifen lassen. Verrückt, oder?"

„Finde ich nicht", meinte Fritz. „Das ist auch ein Verlust. Vielleicht nicht so tragisch wie der meine, aber trotzdem ist dein Lebensentwurf abrupt und ohne, dass Du es noch in der Hand hattest, zerstört gewesen. Das trifft einen doch genauso und verändert dich. Du willst dich dann schützen, um nicht wieder diesen Schmerz und Verlust erleben zu müssen."

Ich musterte Fritz. Niemals hätte ich seinen Verlust mit der Trennung damals von Steffi verglichen, aber Parallelen gab es. War ich auch ein derartig gebranntes Kind seit der Trennung? Wenn, dann hatte ich das völlig unterschätzt.

Nach der Scheidung gab es dann einen Moment, ab dem ich mir dachte, vielleicht sogar besser so. Dann kann ich mich mehr auf meinen beruflichen Erfolg konzentrieren. Aber eigentlich war es auch das einzige, was ich noch hatte, und was kein Potential hatte mich verletzen zu können. Und was allein in meiner Hand lag.

„Tja, ich war Arzt, weißt Du. Ich hab bis 60 gearbeitet, dann bin ich in Rente. Und hab immer gern einen guten Tropfen getrunken. Aber das ist jetzt auch vorbei.

Ich denke, ich habe mein Leben gut gelebt. Und es war kein Schlechtes. Ich war gerne Arzt. Ich hatte eine Frau, die ich sehr geliebt habe. Und ich hatte einen Sohn. Leider habe ich beide für meinen Geschmack zu früh verloren. Aber ich bin dankbar, dass ich sie hatte und noch immer in meinem Herzen mit mir trage.

Weißt Du, ich bin nicht gläubig. Aber ich denke, wenn ich tot bin, dann kommen wir drei wieder zusammen. Und das ist ein schöner Gedanke für mich. Und er macht es mir leichter. Der Tod gehört nun mal zum Leben wie die Nacht zum Tag."

Wir schauten uns an, dann räusperte sich Fritz:

„Ich habe mal ein Buch als junger Mann von Celine gelesen, Reise ans Ende der Nacht. Vorneweg zitiert er aus einem Lieder der Schweizer Garde: „Notre vie est un voyage dans l'hiver et dans la nuit. Nous cherchons notre passage dans le ciel ou rien ne luit."

Das heißt ungefähr so viel wie: Unser Leben ist eine Reise in den Winter und in die Nacht. Wir suchen uns unseren Weg in den Himmel oder nichts wird es erleuchten.

Das hat mir immer schon gefallen. Und so ist es wohl."

Er machte eine Pause.

„Mein Sohn wäre jetzt ein bisschen jünger als Du gerade bist. Tom, tauch ein ins Leben - und koste es in allen Tiefen und Höhen aus. Es ist das Kostbarste, was wir haben."

„Du hast wahrscheinlich Recht. Aber ich bin schon 42 Jahre. Und ich denke, um jetzt noch mal was Neues anzufangen, ist es wohl schon zu spät."

„Pass mal auf Tom. Für mich ist es zu spät was Neues anzufangen. Ich werde bald sterben. Aber Du kannst noch alles anfangen, was Du willst. Und falls Du Konzertpianist werden willst. Dann kauf Dir gleich morgen ein Klavier und fang an zu üben. Es ist erst zu spät, wenn du im Sterben liegst."

Er grinste mich an und blickte auf seine Uhr.

„Oha, es ist schon 16.30. Ich muss wieder auf mein Zimmer. Zeit für die nächste Behandlung."

Wir standen auf und ich streckte ihm die Hand hin. Aber Fritz zog mich zu sich und wir umarmten uns.

Er klopfte mir auf die Schulter, dann drehte er sich um und lief langsam zu den Aufzügen und schob den Infusionsständer neben sich her. Von hinten wirkte er schwach und kraftlos. Kurz bevor sich die Türen des Aufzugs schlossen, winkte er mir noch mal zu und ich sah kurz seine Augen aufblitzen.

Nachdenklich ging ich zu meinem Zimmer. Ich war seltsam berührt von dem Treffen mit Fritz und war innerlich aufgekratzt. Fritz war ein besonderer Zeitgenosse.

Und ich beschloss, dass ich ihn morgen besuchen würde. Und würde versuchen für ihn den Kontakt mit dieser Frau, die ihm gefallen hatte, wieder aufzunehmen. Vielleicht ließe sie sich über das Internet finden, wenn ich ihren Namen hätte. Der Gedanke gefiel mir richtig gut.

Als sich am Stationszimmer vorbeikam, sah ich Schwester Gisela mit zwei Kindern. Sie sah ziemlich ernst und betroffen aus.

Ich winkte ihr durchs Fenster. Dann blieb ich stehen, irgendwas schien nicht zu passen. Ich klopfte und trat ins Schwesternzimmer ein.

„Was ist los? Geht es Ihnen nicht gut?"

„Es wurde heute noch eine Teambesprechung angesetzt und meine Mutter ist krank. Und ich weiß nicht wohin mit meinen Zwei hier. Das ist heute wirklich zu blöd gelaufen.

Erst ist meine Mutter krank geworden, dann wurde kurzfristig der Hort früher geschlossen und jetzt noch die Teambesprechung."

Ich überlegte kurz.

„Wissen Sie was, dann passe ich auf die Zwei auf. Was halten Sie davon?"

„Das kann ich Ihnen nicht zumuten. Sie sind hier als Patient. Aber danke für das Angebot."

„Machen Sie sich mal nicht so viel Gedanken um mich. Ich werde morgen entlassen. Ein kleiner Härtetest wird da nicht schaden. Und wenn was ist, bin ich ja am richtigen Ort.

Na ihr Zwei, habt ihr Lust mal mein Zimmer zu sehen?"

Ich zwinkerte den beiden zu, während sie nickten und dann fragend ihre Mutter anschauten.

„Also los, gehen wir. Sie wissen ja, wo sie uns finden."

Ich nahm die beiden an den Händen und wir verließen das Zimmer.

Schwester Gisela war etwas perplex und rief mir noch hinterher: „Das dauert maximal eine Stunde! Danke, bis dann. Und seid schön brav Kinder."

Wir marschierten in mein Zimmer und die Beiden blickten sich um.

„Hast Du wirklich auch einen Herzfakt gehabt?", fragte Nic.

„Herzinfarkt heißt das!", verbesserte ihn seine ältere Schwester.

„Ja, und wie. Aber ich hatte Glück. Muss man auch haben, wisst ihr. Und jetzt lasst uns mal sehen, was es leckeres zum Abendessen gibt. Habt ihr schon gegessen?"

Wir teilten uns redlich die Brotscheiben, die ich schön belegte und tranken den Tee. Die beiden durften sich Zucker in ihren Tee schütten und tranken mehrere Tassen von dem süßem Gebräu. Ich füllte im Gang das Teekännchen auf und fragte in der Küche noch mal nach etwas Brot nach.

Nach dem Essen spielten wir Pantomime. Jeder musste ein gefährliches Tier nachmachen und die anderen rieten. Wir hatten richtig viel Spaß und die Zeit verging im Flug.

Wir bemerkten erst gar nicht als Schwester Gisela schon im Zimmer stand.

„Hallo zusammen. Vielen Dank Tom, das war wirklich sehr nett von Ihnen! Los ihr Zwei, jetzt gehen wir aber."

„Mama, noch nicht, wir machen gerade Tiere erraten. Aber ohne Worte. Pantonine!"

„Das heißt Pantomime!", wurde Nic prompt von seiner Schwester verbessert.

Wir verabschiedeten uns und als sie weg waren, stand ich mit einem Lächeln in meinem Zimmer und fühlte mich glücklich wie schon lange nicht mehr.

Was war das für ein voller Tag gewesen. Voller schöner Begegnungen und Ereignissen.

Und eigentlich war nichts so besonders gewesen. Aber alles hatte eine Tiefe gehabt und alles hatte mich in einen intensiven Kontakt gebracht.

Und das hatte mich positiv und angenehm erfüllt. Es war mir nicht so klar gewesen wie bereichernd es sein konnte, Erfüllendes zu tun.

Ich setzte mich aufs Bett und legte mich entspannt zurück. Auch das gelang mir zunehmend besser. Einfach mal die Beine hochlegen und nichts tun. Auch nicht Fernsehen oder an meinem Smartphone spielen. Den Geist schweifen lassen und einfach nur da sein.

Das hätte mich vor ein paar Tagen noch in den Zustand einer unruhigen Anspannung versetzt.

So konnte also auch ein Tag verlaufen. Nicht von Termin zu Termin und von Meeting zu Meeting hetzend. Obwohl ich bei diesen Treffen auch vielen Menschen begegnete.

Aber alle nur zweckorientiert und ohne wirklich in einen echten Kontakt zum anderen zu treten.

Das Zusammentreffen war mehr Mittel zum Zweck. Zum Austausch von Informationen, von Arbeitsaufgaben, zum Abstecken von Hierarchien.

Aber nicht, weil man sich wirklich füreinander interessierte.

Nicht weil man wirklich mit dem anderen in Kontakt treten wollte. Wo man achtsam füreinander in den Austausch ging.

Sich offen zeigte und zumutete. Und den anderen wirklich sah und zu verstehen versuchte.

8. KAPITEL

Lola wollte heute noch vorbeikommen. Ich hatte sie eigentlich früher erwartet, aber wahrscheinlich kam sie aus dem Büro nicht raus.

Mir kam das Gespräch mit Fritz wieder in den Kopf und der tragische Verlust seines Sohnes und seiner Frau.

Oft weiß man erst zu schätzen, was man hat, wenn man es verloren hatte.

Wahrscheinlich war das bei mir auch so. Ich hatte meine Beziehung verloren. Zu meiner Frau und zu meinem Sohn. Offenbar hatte ich gedacht, das sei nicht so schlimm. Doch tief in mir drin hatte es mich sehr verletzt und in einen Rückzug gebracht.

Das hatte mich vorsichtiger gemacht. Und wahrscheinlich konnte einem das auch in anderen Lebenssituationen passieren – gerade wenn man sich viel erhoffte.

Beim Verlust von Liebe oder einer großen Freundschaft, genauso wie beim Verlust von großen Träumen, die zerplatzen.

Man zieht sich innerlich zurück und versucht nicht noch mal eine solche Enttäuschung zu durchleben.

Aber was ist ein Leben ohne Träume? Oder ohne Liebe?

Meine Gedanken schweiften zu Lola. Eigentlich hatte sie alles, was ich mir von einer Frau erträumte.

Ich sag gerade ihre Grübchen vor meinem geistigen Auge, die sich immer bildeten, wenn sie lachte. Aber nur wenn sie einen Witz machte und sich selbst am meisten daran erfreute.

Und plötzlich kam mir die Erkenntnis, dass sie mich wirklich liebte. Wie viele Menschen gab es, von denen ich das sagen konnte?

Und schlagartig wurde mir klar, wie schön dieses Gefühl war. Und wie sehr es mich berührte. Wie sehr ich das eigentlich brauchte. Mir stiegen die Tränen in die Augen.

Und es war mir klar, dass auch ich sie sehr liebte. Und dass gerade diese Tatsache, mein Problem war.

Fritz hatte seine geliebte Frau verloren. Und ich war dabei, Lola aufzugeben, unsere Liebe auf dem Altar meiner Angst zu opfern.

Ich fuhr mir durch die Haare und übers Gesicht. Was war mit mir passiert?

Lola war gerade dabei in einer Bank Karriere zu machen. Sie hatte den Aufstieg in die Leitung einer Vertriebsstelle geschafft.

Früher war ich deswegen richtig stolz auf sie – und sogar ein wenig neidisch.

Aber jetzt, nachdem was ich erlebt hatte, machte ich mir eher ein bisschen Sorgen um sie.

Vielleicht saß sie auch einer Täuschung auf. Genauso wie ich. Und verwechselte Karriere und Erfolg um jeden Preis mit Erfüllung und Zufriedenheit im Leben?

Später saß ich mit Lola zusammen. Sie erzählte mir von ihrem Tag und wie es bei ihr in der Abteilung lief. Sie hatte gerade viel zu tun. Die Zahlen ihrer Abteilung stimmten nicht und es wurden mehr Abschlüsse erwartet.

Anstelle ihr Tipps zu geben, schaute ich in ihre schönen Augen an und freute mich, dass sie da war und mir gegenüber saß.

Das war nicht selbstverständlich. Das war wertvoll. Das war neben Viktor das Beste was ich hatte.

Ich nahm ihre Hand und küsste und streichelte sie. Das schien sie kurz zu irritieren und sie hielt inne mit ihrer Erzählung. Auch das hatte ich viel zu wenig getan. Ihr zu zeigen, dass ich sie liebte.

Es war nicht fair von mir, dass ich mit meinen Gefühlen so zurückhaltend gewesen war.

Es hätte mich ja was kosten können, mich und meine Gefühle zu zeigen. Aber was war ein Leben ohne Liebe?

War ein Leben voller Kompromisse besser? Kompromisse um zu vermeiden sich mit seinen Ängsten oder Befürchtungen auseinandersetzen zu müssen. Um zu vermeiden sich in seiner Bedürftigkeit zu zeigen. Um zu vermeiden sich wirklich einlassen zu müssen.

Wir vereinbarten, dass ich morgen Lola anrufe, wenn mein Entlassungszeitpunkt klar war, und sie mich dann abholen und zu meiner Wohnung bringen würde.

Ich lag in meinem Bett und blickte zum Fenster raus in den Himmel. Die Sonne ging langsam unter und ließ den Himmel in einem letzten orangenen Meer erstrahlen.

Es war langsam Zeit mein Leben neu zu ordnen. Das war mir in den letzten drei Tagen mehr als klar geworden.

Ich hatte irgendwann eine Richtung eingeschlagen, die nicht wirklich mir entsprach und mir nicht wirklich gerecht wurde. Es hatte mich niemand dazu gezwungen, aber dennoch hatte ich mir ein Leben gestaltet, das mich nicht wirklich erfüllte und zufrieden machte.

Mir war durch meine neue Lust am Essen klar geworden, dass ich meine Lust kaum mehr gespürt hatte, kaum mehr befriedigt hatte. So vieles war zur reinen Zweckveranstaltung geworden.

Essen war nur noch ein Mittel um satt zu werden. Aber nicht um es zu genießen oder sich etwas Gutes zu tun.

Vieles war bei mir zum Mittel zum Zweck verkommen. Vieles war zu lustlosen Akten verkommen. Meine Abendgestaltung war zuletzt oft nur noch ein Abhängen vor dem Fernseher.

Wann hatte ich wie jetzt bewusst den Himmel betrachtet und auf mich wirken lassen. Ich war voller Unruhe und Hast durch mein Leben gehetzt, so als ob ich ein Rennen laufen würde. So als ob ich irgendwo anzukommen hoffte, wo dann das Rennen enden würde und ich zur Ruhe kommen durfte.

Ich hatte ein kurzfristiges Glücksgefühl, bei einem beruflichen Erfolg, mit einer tiefen Zufriedenheit im Dasein verwechselt.

Dann sah ich am Himmel plötzlich eine Sternschnuppe. Die in einem langen Bogen gelb glühte und dann erlosch.

Ich ging ans Fenster. Und wieder tauchte eine auf und dann noch eine.

Ich stand mit offenen Mund am Fenster und blickte fasziniert in den dunklen Himmel.

Es war ein richtiger Sternschnuppenregen. Immer wieder zogen gelbe Striche durch den Nachthimmel.

Und dann war es genauso plötzlich wie es angefangen hatte, auch wieder vorbei.

Ich war sprachlos. Ich konnte nicht anders als das Gesehene auf mich zu beziehen. Ich hatte das Gefühl, der Himmel und das Universum hatten sich an mich gewandt und wollten mir etwas mitteilen.

Ich setzte mich wieder in mein Bett und lächelte vor mich hin. Immer wieder blickte ich in den dunklen Himmel, aber der hatte sich wieder verschlossen.

Seine Zeichen sah ich aber noch genau vor mir.

Mir wurde bewusst wie klein ich war. Wie unwichtig mein Leben war. Und wie groß und unendlich der Kosmos war.

Wie relativ eigentlich die ganze irdische Existenz eines jeden Menschen war. Jeder nahm sich fürchterlich wichtig, war aber doch im Anbetracht des Kosmos nichts. Von völliger Bedeutungslosigkeit.

Viele unserer Probleme waren oft eher Luxusprobleme, die wir zu haben uns leisten konnten, weil sonst alles vorhanden war. Weil wir in einem materiellen Überfluss lebten.

Unser Lebensstandard war für uns zur Selbstverständlichkeit geworden, auf den wir meinten, einen Anspruch zu haben. Aber so war es nicht. Das war ein Geschenk, das uns jederzeit wieder genommen werden konnte.

Vielleicht drückte dies auch die Geschichte von Adam und Eva aus und deren Vertreibung aus dem Paradies.

Ein Schwerkranker war froh, wenn er einigermaßen schmerzfrei war.

In Zeiten der Krise oder wenn man schwer erkrankte, wurde man auf das Wesentliche zurückgeworfen. Und wer offenen Auges war, konnte es spätestens dann erkennen. Das, was das Leben wirklich lebenswert machte.

Die Liebe, Beziehungen zu Menschen, Kinder, Essen zu haben, gesund zu sein, andern helfen zu können. Das alles waren Geschenke und nicht selbstverständlich.

Ich hatte gedacht alles zu haben – und doch hatte Vieles gefehlt.

Und musste feststellen, dass ich eigentlich arm war. Dass es mir an vielem Wesentlichen mangelte.

Und meine Krankheit war meine Chance dies zu erkennen. Und mir war es wie Schuppen von den Augen gefallen.

Ein Glücksgefühl durchströmte mich warm und sanft und ich musste schmunzeln.

Ich war ein Glückspilz, das Leben hatte mich in eine Krise gestürzt. Und ich hatte es geschafft daraus zu lernen, da mir das Leben viele Hilfen in den letzten Tagen angeboten hatte. Und ich hatte diese erkannt und war ihnen nicht blind gegenüber gewesen.

Hilfen von Menschen, die ich vor Kurzen nicht wirklich beachtet oder erkannt hätte, wie Schwester Gisela, Peggy, Georg oder Fritz.

Ich schloss erschöpft die Augen und dämmerte langsam weg.

Ich träumte wie ich durch einen Dschungel irrte. Mühsam mit einer Machete die Äste und Lianen ab hieb. Ich versuchte möglichst schnell voran zu kommen. Mein Hemd klebte schweißnass an mir, mir lief der Schweiß übers Gesicht. Ich mühte mich ab und rang nach Atem. Mein Ziel war aus dem Dschungel raus zukommen. Und gleichzeitig spürte ich aber, dass ich mich immer tiefer in den Dschungel vorarbeitete. Aber ich konnte nicht aufhören. Trotz dieses Gefühls. Ich wollte keine Sekunde stehen bleiben, durch schnaufen und mich orientieren.

Ich arbeitete mich immer weiter voran. Immer tiefer in den Dschungel hinein. Anstatt hinaus.

Plötzlich stand ich an einer Lichtung, ein kleiner Bach mit klarem Wasser plätscherte vor sich hin.

Es war ein friedlicher, stiller, lichter Raum. Nach all dem Chaos in dem verwachsenen, dunklen Dschungel.

Ich stürzte zu dem Wasser und trank gierig davon und bespritze mich damit.

Erst jetzt merkte ich wie erschöpft ich war. Ich legte mich hin und atmete durch und schöpfte Ruhe.

Ein knackendes Geräusch ließ mich hochfahren. Eine große, grünschwarze Schlange schlängelte sich aus dem Unterholz zu dem Bach hin.

Sie zog etwas hinter sich her. Ihre Zunge zischelte immer wieder aus ihrem Maul. Dann kam sie nicht mehr voran. Sie schien an einem Ast hängengeblieben zu sein.

Erst jetzt erkannte ich, dass es ihre eigene Haut war, die noch an ihrem Schwanz hing und mit der sie sich verfangen hatte. Sie häutete sich gerade.

Sie ruckelte und schlängelte wild hin und her und fing an zu zischen.

Die Schlange kämpfte verzweifelt, aber konnte sich nicht losreißen.

Sie schien mich nicht zu bemerken. Ihre wilden Bewegungen wurden langsam schwächer und sie schien von der Anstrengung zunehmend ermattet zu sein.

Dann ließ mich ein Knurren aufhorchen. Auf der anderen Seite des Bächleins, stierten zwei gelbe Augen aus dem Dunkeln des Dickichts. Das Knurren wurde lauter und ein schwarzer Puma trat hervor.

Er fixierte die Schlange. Und ich war erleichtert, dass er mich offenbar nicht gesehen hatte. Ich machte keinen Mucks, damit er mich nicht entdeckte. Meine Hand wanderte vorsichtig zu meiner Machete. Aber wahrscheinlich hätte ich damit wenig Chancen gegen den Puma.

Er stand jetzt am Bach und schaute wie die Schlange in ihrem Kampf immer schwächer wurde.

Sie war groß und furchteinflößend und trotzdem verspürte ich den Impuls ihr helfen zu wollen.

Mein Herz pochte wie wild vor Angst. Schweiß lief über meine Stirn. Was sollte ich tun?

Der Puma würde in wenigen Sekunden losspringen und sie tot beißen. Während die Schlange ausgeliefert an dem Ast an ihrer eigenen Haut festhing.

Dann sprang ich in einem wilden Impuls auf und schrie wie verrückt und schleuderte einen Stein in Richtung des Pumas.

Der Puma sprang wie von der Tarantel gestochen zurück und flüchtete sich in den Dschungel und war verschwunden.

Ich stand da und blickte ihm nach. Ich zitterte am ganzen Körper und meine Beine ließen nach. Ich plumpste auf meinen Hinterm.

Die Schlange bäumte sich noch mal mit aller Kraft auf und plötzlich zog sich das letzte Stück Haut von ihrer Haut ab und sie war frei.

Sie hielt kurz inne, dann richtete sie den vorderen Teil auf und blickte mich an und züngelte in meine Richtung.

Sie senkte sich wieder und schlängelte sich mit anmutigen Bewegungen in den Bach. Ihre grünschwarze neue Haut glänzte wunderschön im Sonnenlicht.

Dann tauchte sie in den Bach und war verschwunden.

Pünktlich um 06:00 wurde ich von Schwester Gisela geweckt. Sie fühlte meinen Puls und maß meinen Blutdruck.

Wir wechselten ein paar Worte und ich freute mich, meinen Tag mit Schwester Gisela zu beginnen.

Dann brachte sie mir mein Frühstück. Ich schnitt meine Brötchen auf und beschmierte sie mit der weichen Butter. Ich belegte das eine mit den Wurstscheiben und auf das andere Strich ich die Marmelade aus dem kleinen Plastikschälchen.

Ich kaute bedächtig und mir wurde klar, dass das heute mein letztes Frühstück im Krankenhaus war.

Schwester Gisela hatte mir gesagt, dass ich heute am frühen Nachmittag nach einer Abschlussuntersuchung entlassen werden sollte.

Ich freute mich auf der einen Seite nach dieser schweren und völlig unerwarteten Erkrankung so schnell wieder fit geworden zu sein und wieder in mein Leben zurückkehren zu können.

Und gleichzeitig fühlte sich diese Rückkehr in mein altes Leben an wie eine Rückkehr zu etwas, das der sofortigen, starken Veränderung bedurfte.

Nur leider fehlte mir der Masterplan. Was bei mir selten vorkam, dass ich nicht wusste wie ich ein Problem angehen sollte. Normalerweise analysierte ich das Problem und zerlegte es dann in einzelne Lösungsschritte.

Aber hier ging es um die komplette Ausrichtung meines Lebens. Und nicht nur um die Entscheidung, wie ich einen Vortrag halten sollte.

Ich musste vielleicht nach all der Erkenntnis bisher meine Position in meiner Arbeit aufgeben. Wahrscheinlich meinen Job kündigen.

Um das zu finden, was mich wirklich erfüllte.

Dafür würde ich einiges in Kauf nehmen müssen. Und der Weg dorthin würde sicher hart und steinig werden.

Ich hatte immer wieder den Gedanken, dass ich es vielleicht mit einer abgemilderten Lösung hinkriegen könnte. Etwa die Stundenzahl reduzieren. Oder in einen anderen Bereich in meiner Firma wechseln.

Aber das alles fühlte sich an wie ein fauler Kompromiss.

Die Antwort wie es weitergehen sollte mit mir, würde nicht so einfach ausfallen.

Das war mir klar. Das spürte ich mittlerweile sehr deutlich.

Ich wusste noch nicht wie, aber ich wusste sicher, dass ich meine Leben von Grund auf ändern musste und es komplett neu ausrichten sollte.

9. KAPITEL

Aber ich hatte heute noch was vor. Ich wollte noch mal zu Peggy und weitere Erfahrungen in Achtsamkeit machen.

Und dann wollte ich unbedingt noch mal Fritz besuchen.

Pünktlich verließ ich mein Zimmer und ging zu dem Raum, wo Sensory Awareness immer stattfand.

Wie üblich zog ich meine Schuhe aus und betrat barfüßig den Raum und spürte den grobmaschigen Teppich in meinen Fußsohlen. Der Raum faszinierte mich. Er war komplett leer. In einem Eck standen ein paar Hocker, die aufeinander gestapelt waren.

Ansonsten nur der dicke Teppich, weiße Wände und die hellen Fenster mit weißen Vorhängen. Der Raum war aufs Wesentliche reduziert. Perfekt, wenn man ins Spüren kommen wollte. In die Achtsamkeit. Keine unnötigen Ablenkungen.

Alles was es brauchte, brachte jeder mit. Nämlich sich selbst. Und seine Bereitschaft achtsam zu sein.

Wir tauschten uns eingangs wieder aus und jeder erzählte, wo er gerade stand und wie es ihm ging. Ein paar Gesichter kannte ich, aber einige waren auch neu.

Mir kam es fast wie Wochen vor, als ich das erste Mal hier war. Dabei war es erst zwei Tage her. Aber es hatte sich seitdem viel getan in meinem Leben.

Keine großen Veränderungen, aber doch so viele kleine. Die sich in Summe wie eine Lawine anfühlten. Wahrscheinlich hatte man solche stimulierende und anregende Tage nicht so oft in seinem Leben.

Peggy leitete uns wieder an. Jeder nahm sich einen Hocker und einen Tennisball.

Dann stand ich vor meinem Hocker. Ich schloss die Augen. Aufgabe war es, zu spüren wie man stand. Stabil und fest oder schwankend und leicht. Und wenn es Zeit war, sollte man sich setzen. Langsam und bedächtig mit der Sitzfläche des Hockers Kontakt aufnehmen und dann dem Hocker sein ganzes Gewicht übergeben und sich tragen lassen.

Man sollte spüren wie man saß. Wie das Gesäß mit der Sitzfläche verbunden war. Ob das Gewicht gleichmäßig auf beide Seiten verteilt war. Wie die Sitzhöcker Kontakt mit dem Hocker hatten. Ob das Becken nach vorne gekippt war oder eher nach hinten? Wie die Füße auf dem Boden standen. War die Wirbelsäule aufgerichtet oder nicht?

Dabei gab es kein richtig oder falsch. Sondern einfach ein Wahrnehmen. Achtsam spüren wie man saß, wie man im Kontakt war.

Dann sollte man den Tennisball nehmen und unter einen Sitzhöcker schieben. Und nachspüren was sich veränderte. Wie der Kontakt jetzt war. Was sich jetzt verändert hatte.

Das Becken schien den Hochstand durch den Tennisball nach oben problemlos über die Wirbelsäule auszugleichen. Ich hatte nicht das Gefühl nun schief zu sitzen, was ich ja tat.

Nach einiger Zeit wechselte man den Tennisball und schob diesen unter den anderen Sitzhöcker.

Mir war nicht bewusst gewesen, dass man eigentlich auf den Sitzhöckern saß. Und man auf einem Tennisball unter nur einem Sitzhöcker auf der harten Sitzfläche eine Hockers problemlos sitzen konnte.

Und wie sich zu sitzen eigentlich anfühlte. Hinsetzen und da zu sitzen schien so selbstverständlich zu sein. Und doch war es das ganz und gar nicht. Es wurde nur einfach nicht beachtet und bewusst wahrgenommen.

Danach erzählte jeder von seinen Wahrnehmungen. Für uns alle war die Tatsache sehr erstaunlich einen so alltäglichen Akt wie Sitzen bisher immer blind vorgenommen zu haben.

Niemand hätte bisher sagen können wie er im Kontakt mit der Sitzfläche war. Wie er tatsächlich saß.

Man achtete vielleicht bei Rückenproblemen darauf aufrecht zu sitzen. Aber mehr auch nicht.

Ich wartete am Ende bis alle aus dem Raum waren und bedankte mich bei Peggy. Sie war mir eine ungeahnte Hilfe gewesen. Um mich in Achtsamkeit und Kontaktaufnahme zu schulen. Davon überhaupt eine Ahnung zu bekommen.

Sie sah mir in die Augen in schien tief in mich zu blicken. Mit ruhiger Stimme sagte sie: „Ich bin froh, einen so tollen Menschen wie Dich kennengelernt zu haben. Ich wünsche Dir alles Gute."

Wir blickten uns an und gaben uns die Hand. Auf dem Weg zurück durch den Krankenhausflur überlegte ich, was sie damit meinte. Ich war doch kein toller Mensch. Sie war eine tolle Frau, die mich sehr beeindruckt hatte mit ihrer Art und all ihrem Wissen.

In Gedanken versunken, fing ich an zu packen. Viel war es nicht, was ich in meine Tasche packten musste. Ich zog meine Jogginghose aus, in der ich die Tage unterwegs war, und zog mich an.

Damit war alles in meinem Zimmer erledigt.

Am Stationszimmer erzählte ich Schwester Gisela von Fritz und fragte sie, auf welcher Station ich ihn wohl finden könnte.

Sie schickte mich zu Station VII Onkologie. Ich machte mich gleich auf den Weg.

Wenn Fritz mir den Namen seiner alten Liebe nennen könnte, dann würde ich nach ihr im Internet suchen. Er wirkte etwas oldschool, ich glaubte nicht, dass er sie schon im Internet gesucht hatte.

Vielleicht würde es ihn freuen, mit ihr wieder Kontakt aufzunehmen und sie wieder zu sehen?

Und ich wollte ihm unbedingt von Peggy und dem Sensory Awareness-Kursen berichten. Ich war mir sicher, dass ihm diese auch gefallen würden.

Ich nahm die Treppen für die zwei Stockwerke, damit mein Herz auch wieder etwas Arbeit bekam. Überall waren Schilder, die zu den unterschiedlichen Stationen wiesen, an denen ich mich zu orientierten versuchte,.

Ich eilte in eine Richtung, in die das Schild Station VII zeigte. Lief einen endlosen Korridor entlang, bog ab und stand dann vor einem OP-Bereich, der nur einen Zutritt für Mitarbeiter erlaubte.

Also lief ich zurück zur Ausgangsstelle. Dort fragte ich dann einen Pfleger, der mir sagte, dass die Onkologie im Turm gegenüber war. Also ging ich die Treppen wieder runter und lief im Erdgeschoss in den B-Turm und dort dann in den zweiten Stock.

Ich las die Wegweiser wieder und hastete in Richtung Station VII. Irgendwie hatte ich es plötzlich eilig. Warum war mir auch nicht klar.

Aber eine innere Unruhe hatte mich ergriffen. Dort lief ich die Zimmer ab, aber ich kannte den Nachnamen von Fritz gar nicht. Und einfach in jedes Zimmer reinschauen, verbot sich von selbst.

Meine Hoffnung ihn auf dem Gang anzutreffen, erfüllte sich auch nicht.

Also ging ich zum Stationszimmer. Aber da war keiner. Ich blickte den Gang auf und ab, leider war niemand zu sehen.

Also wartete ich und trommelte mit den Fingern auf dem Tresen. Endlich öffnete sich eine hintere Tür in dem Stationszimmer und zwei Pfleger erschienen. Aber sie waren noch in einem Gespräch vertieft. Also wartete ich wieder ungeduldig.

Dann endlich schenkte mir einer seine Aufmerksamkeit. Ich erklärte ihm meine Lage, dass ich einen Patienten namens Fritz suchte, den ich gestern getroffen hatte. Der Arzt war und Lungenkrebs hatte.

Der Pfleger dachte kurz nach und meinte, so einen Patienten kenne er nicht.

Mir wurde plötzlich klar, dass ich ihn eventuell gar nicht finden würde, da ich fast nichts von ihm wusste.

Der Pfleger meinte: „Tut mir leid", und drehte sich weg.

Schlagartig fühlte ich mich komplett hilflos. Wie sollte ich ihn jetzt finden?

„Kann ich Ihnen vielleicht weiterhelfen?"

Ich drehte mich um. Vor mir stand eine Schwester, die freundlich lächelte.

Ich erzählte ihr noch mal alles, was ich von Fritz wusste. Sie nickte: „Das ist Dr. Friedrich Grimm. Klar, ein sehr netter Patient. Das dürfte ich Ihnen eigentlich gar nicht sage, aber der freut sich sicher über Besuch, und wenn sie sich eh schon kennen. Der liegt in der 11."

Ich konnte mein Glück kaum fassen, also hatte ich Fritz doch noch gefunden.

Ich bedankte mich und lief Richtung Zimmer Nr. 11. Am Türschild außen stand kein Name, aber ich klopfte vorsichtig und öffnete die Tür. Ich sah niemand und trat langsam ein.

„Fritz?" fragte ich vorsichtig.

Dann sah ich links an der Wand ein frisches Bett, dass mit einem Laken überdeckt war. Daneben stand ein leeres Nachtkästchen.

Das Zimmer wirkte unbewohnt. Ich schaute ins Bad, auch da war alles leer und sauber.

Ich überlegte, ob er in ein anderes Zimmer verlegt worden war.

Und ging noch mal zum Stationszimmer. Dort sah ich die nette Schwester und gab ihr ein Zeichen.

„Haben Sie Dr. Grimm gefunden?"

Ich erzählte ihr von dem leeren Zimmer.

„Hm, ich schau mal kurz nach, Moment. Ich hatte gestern frei, vielleicht hat sich was geändert?"

Sie redete lächelnd mit einem Kollegen und schaute in einer Akte nach. Dann verfinsterte sich ihr Gesicht und sie schaute zu mir.

Sie kam zu mir: „Es tut mir leid, aber leider ist Dr. Grimm nicht mehr hier."

„Wie meinen Sie das?" fragte ich etwas begriffsstutzig.

„Dr. Grimm ist heute Nacht verstorben. Es tut mir leid."

Ich stand wie vom Donner gerührt da. Dann stammelte ich so was wie „Danke, schon gut.", und ging langsam den Gang runter.

Ein Gefühlsmischmasch überfiel mich und wirbelte in mir herum. Ich war traurig, überfahren, ungläubig.

Ich konnte es nicht fassen. Hatte Fritz das gewusst, dass seine Zeit zu gehen so nah war?

Konnte man das wissen?

Kurz glaubte ich, dass ich gestern seinem Geist begegnet sei, und wollte umkehren und nachfragen, wann er gestorben sei. Aber das war Quatsch.

Ich schlich den Gang zurück und schüttelte ständig ungläubig den Kopf.

Plötzlich hörte ich ihre Stimme: „Hallo, heißen Sie Tom?"

Die Krankenschwester kam auf mich zugelaufen. „Sie heißen doch Tom, oder?" Sie war etwas außer Atem.

Ich nickte. „Das lag auf Dr. Grimms Nachtkästchen." Sie zeigte mir einen Brief auf dem mein Name stand.

„Der ist dann wohl für sie."

Sie lächelte und reichte mir den Brief.

Ich bedankte mich und nahm ihn in die Hände.

Ich strich über den Brief. Und musste lächeln.

Dann öffnete ich ihn.

„Lieber Tom, wenn Du diese Zeilen liest, dann gibt es mich wahrscheinlich schon nicht mehr auf dieser Erde.

Es war mir eine Freude mein Leben mit unserer Begegnung gestern bereichern zu dürfen.

Gräme dich nicht über das was dir geschehen ist. Mein weiß nie für was etwas gut ist.

Dazu eine kleine Geschichte von mir:

Der einzige Überlebende eines Schiffsunglücks wird an den Strand einer einsamen und unbewohnten Insel gespült. Tag für Tag hielt er Ausschau nach einem Schiff am Horizont.

Nach vielen Tagen ergebnisloser Ausschau nach einem Schiff baute er sich eine kleine Hütte aus Holz.

Eines Tages kam er von einem Ausflug auf der Insel zurück und stellte fest, dass seine Hütte in Flammen stand. Er hatte alles verloren und verlor alle Hoffnung.

Am nächsten Morgen wachte er durch das Motorgeräusch eines Bootes auf, das sich der Insel näherte. Man kam, um ihn zu retten.

"Woher wusstet ihr, dass ich hier bin?" fragte er seine Retter.

"Wir haben Ihr Rauchsignal gesehen", antwortete der Kapitän.

Mach es gut mein Freund und lebe dein Leben!"

Ich setzte mich auf einen Klappstuhl im Gang. Mir liefen die Tränen über meine Wangen. Ich schloss die Augen und rief mir Fritz mit seiner Bierdose vor Augen.

Und dann entstand eine Mischung aus Dankbarkeit und Freude in mir. Dass ich ihn noch kennenlernen durfte, dass unser Gespräch gestern so einfach in der Cafeteria entstanden war. Das war ein wirkliches Geschenk gewesen.

„Wer bereit ist zu sehen, der möge sehen." Ich wusste nicht woher ich diese Worte kannte, aber sie gingen mir durch den Kopf und schienen mir sehr passend.

Und dann musste ich an seine Worte denken: „Es ist erst zu spät, wenn Du im Sterben liegst."

Und er hatte verdammt recht damit.

In meinem Zimmer angekommen, stand mein Mittagessen schon am Tisch.

Ich setze mich und betrachtete mein Essen. „Vielleicht ist das auch mein letztes Essen, also genieße es auch so.", kam mir in den Sinn.

So wie Fritz gestern sein letztes Bier genossen hatte.

Das Mittagessen war einfaches Kantinenessen, aber es schmeckte mir hervorragend.

Danach hatte ich ein Belastungs-EKG zu absolvieren um zu sehen wie gut mein Herz arbeitete.

Ich strampelte auf dem Ergometer und kam richtig ins Schwitzen, aber alles sah sehr gut aus. Ein Ultraschall von meinem Herzen wurde gemacht und mir wurde noch mal Blut abgenommen.

Dr. Naumann war mit allen Ergebnissen sehr zufrieden.

„Alles im grünen Bereich bei Ihnen Hr. Fellner. Das freut mich sehr für Sie. Und das war ein echter Schuss vor den Bug."

Dr. Naumann sah sehr müde aus, hatte tiefe, dunkle Augenringe, seine Nase war ziemlich rot und er schniefte immer wieder.

Auf seinem Schreibtisch stand ein Bilderrahmen mit seiner Frau und seinen zwei Kindern, wie ich annahm. Sie lächelten glücklich.

Ich fragte mich, wie oft er seine Kinder wohl sah und was er von ihnen hatte.

Er war ein guter Arzt und ich fühlte mich gut von ihm betreut. Und dennoch schien er viel zu viel Zeit im Krankenhaus zu verbringen.

Vielleicht war er auch ein Mann, der gar nicht so viel Zeit mit seiner Familie verbringen wollte und lieber in der Arbeit war?

Aber so wirkte er nicht. Und irgendwie tat es mir leid zu sehen, wie er sich in seinem Beruf verausgabte.

Aber ich wollte meine Erfahrung nicht auf ihn münzen. Was wusste ich schon von ihm?

Er empfahl mir einen Kardiologen, einen ehemaligen Kollegen, zur Nachbetreuung und ich bedankte mich herzlich bei ihm.

„Vielen Dank Dr. Naumann. Ich habe mich sehr gut betreut gefühlt von Ihnen. Das ist nicht selbstverständlich. Ihr da sein für mich und Ihre Worte haben mir immer gut getan. Das hat zu meinem Erholungsprozess wesentlich beigetragen."

Er lächelte etwas verlegen, dann schüttelten wir uns die Hände und ich verließ gut gelaunt sein Behandlungszimmer.

Zurück in meinem Zimmer blickte ich noch mal um mich. Es war Zeit zu gehen. Ich war nur vier Tage hier gewesen, aber es war so viel passiert.

Halbtot war ich in das Krankenhaus eingeliefert worden und ging jetzt gesund und fit wieder nach Hause.

Das Glück war auf meiner Seite. Es hätte auch anders kommen können.

Ich war immer noch überwältigt von dem Netzwerk an hilfsbereiten und liebenswerten Menschen, das sich um mich in den wenigen Tagen aufgetan hatte. Die mir ihre praktische, aber v.a. auch psychische Unterstützung zuteil haben werden lassen.

Und denen ich auch was zurückgeben konnte, was mir auch sehr gut getan hatte.

Und jetzt war nichts mehr wie es war. Alles hatte sich verändert. Die Karten waren neu gemischt. Das war klar.

Nur wie es jetzt genau weitergehen würde, war mir noch nicht völlig klar.

Aber ich spürte in mir eine Regung, die von Energie und Vorfreude und Kampfgeist geprägt war. Ich war bereit, das Ruder umzulegen und mein Leben neu anzugehen.

Das Leben musste auch er-lebt werden. Das beinhaltete auch Dinge, die anstrengten und einem was abverlangten. Die nicht von Sicherheit geprägt waren. Die einen auf unsicheres Terrain führten, das man sich neu erschließen musste und das auch Gefahren beinhaltete.

Als junger Mensch war man viel freier, solche Wege einzuschlagen. Mit zunehmenden Alter verlor man offenbar diesen Spirit.

Ich schnappte mir meine Tasche, schrieb Lola eine WhatsApp und verließ dann mein Zimmer.

Beim Stationszimmer sah ich schon von fern Schwester Gisela wie sie gerade einer alten Dame half in ihrem Rollstuhl Platz zu nehmen.

Ich wartete bis sie die Dame in ihr Zimmer geschoben hatte, dann kam sie mit einem Lachen im Gesicht auf mich zu.

„Na, Hr. Fellner, Zeit zu gehen? Sie werden mir fehlen. Aber ich möchte Sie trotzdem hier nicht wieder sehen, zumindest nicht als Patient!"

Ich grinste sie an: „Ich werde Sie vermissen!" Dann nahmen wir uns in die Arme und drückten uns fest.

„Bleiben Sie gesund, Tom, und achten Sie auf sich. Das Leben ist zu kurz, um es wider besseren Wissens und ohne Not in die falsche Richtung zu leben."

„Sie haben Recht. Passen Sie auch auf sich auf und bleiben Sie so wie Sie sind. Es war für mich eine Ehre Ihnen begegnet sein zu dürfen."

Sie gab mir einen Klaps auf die Schulter.

„Übrigens Nic schwärmt immer noch davon wie gut Sie einen Löwen imitieren können."

Im Weggehen drehte ich mich noch mal um und winkte ihr über die Schulter zu und nahm dann die Treppen in Richtung Erdgeschoss.

Ich trat durch die Schiebetüren ins Freie. Sofort spürte ich die Sonnenstrahlen und den Wind auf meiner Haut. Ich blieb stehen und sog die frische Luft in mich ein. Eine kurze Unsicherheit nahm Besitz von mir, dann verflog sie auch gleich wieder.

Ich atmete tief ein und aus.

Und fühlte mich ungeheuer lebendig und voller Kraft.

Lola brauchte noch etwas hatte sie geschrieben. Also setzte ich mich auf eine Parkbank.

Ich genoss die Wärme der Sonne auf mir und schloss meine Augen. Ich lauschte den Vogelstimmen, dem leichten Spiel des Windes im Busch neben mir.

Dann sah ich Lola vor dem Krankenhaus parken. Sie sprang aus dem Wagen und lief auf mich zu.

Sie kam lachend auf mich zu. Und ich konnte nicht anders als mich glücklich zu fühlen.

Wir fielen uns in die Arme und küssten uns.

Heute begann mein neues Leben.

10. KAPITEL

Tom und Lola heirateten ein Jahr später.

Sie bekamen zusammen einen Sohn, den sie Theodor nannten.

Viktor wohnte von nun an die Hälfte der Woche bei ihnen.

Tom wechselte den Arbeitgeber und begann nebenberuflich ein Fernstudium der Psychologie.

Er arbeitet heute als Berater und Therapeut.

Tom hat nach wie vor Kontakt zu Schwester Gisela.

Dr. Naumann wurde einer der ersten Klienten von Tom. Dr. Naumann hat schon lange keine Augenringe mehr.

Tom besucht immer wieder Kurse von Peggy und schult sich in Achtsamkeit und Kontakt.

Georg und Tom sind gute Freunde geworden. Sie planen derzeit eine gemeinsame Ausstellung.

Jedes Jahr, am Todestag von Fritz, besucht Tom dessen Grab und stellt ihm eine Bierdose, genau die Marke vom Krankenhaus, ans Grab.

„Tust du etwas in der Überzeugung, dass du es tun musst, so schäme dich nicht, dabei gesehen zu werden, und kümmere dich nicht um das Urteil, der andern."

Epiktet